SPHINX POCKET 41

MURRY HOPE

GEISTIGE SELBSTVERTEIDIGUNG

Schutz und Sicherheit im spirituellen Bereich

SPHINX

Aus dem Englischen
von Dagmar Hartmann

CIP-Kurztitelaufnahme der Deutschen Bibliothek

Hope, Murry:
Geistige Selbstverteidigung: Schutz und Sicherheit im spirituellen Bereich/Murry Hope. [Aus d. Engl. von Dagmar Hartmann].—
Basel: Sphinx, 1987.
(Sphinx Pocket; 41)
Einheitssacht.: Practical Techniques of Psychic Self-Defence ‹dt.›
ISBN 3-85914-341-7
NE: GT

1987

Originaltitel: Practical Techniques of Psychic Self-Defence
Erschienen bei: The Aquarian Press, Wellingborough, England

Gestaltung: Charles Huguenin
Satz: Compotext, München
Druck: Ebner Ulm
Printed in Germany
ISBN 3-85914-341-7

INHALT

KAPITEL
1

Die Entwicklung übersinnlicher Gaben

Wer von uns würde eine Straße überqueren, ohne vorher den herankommenden Verkehr oder andere Hindernisse zu beachten? Zweifellos würden nur wenige, die bei Verstand sind, so unüberlegt handeln. Und doch stürzen sich vernünftige und charakterlich gefestigte Menschen Hals über Kopf in unbekannte Dimensionen oder weiße Flecken auf der Landkarte des Bewußtseins, ohne auch nur die einfachsten Vorsichtsmaßnahmen zu beachten. Was natürlich die Frage aufkommen läßt: «Was gibt es, wovor wir Angst haben müßten?» und «Warum sollte es nötig sein, daß wir uns schützen?» Verständlicher Kommentar. Doch ehe wir einen Blick auf die Abgründe des übersinnlichen und okkulten Pfades werfen ist es nötig, unsere Richtlinien genau zu definieren.

Übersinnlich, mystisch, okkult: so oft glauben die Uneingeweihten, daß diese Ausdrücke ein- und dieselbe Sache bedeuten, wo das doch überhaupt nicht der Fall ist. Das Wort ‹übersinnlich› wird locker herangezogen, um die gesamte Spannbreite von Themen wie Psychometrie, astrale Projektion, ASW, Tarot, Handlesekunst undsoweiter abzudecken, aber streng genommen bezieht es sich eigentlich nur auf Angelegenheiten, die die «Seele» oder «Psyche» betreffen, oder auf Einsichtsebenen, die nicht an materielle Dimensionen gebunden sind.

Metaphysisch ausgedrückt ist die übersinnliche oder mediale Person telepathisch empfänglich, mit anderen Worten, sie oder er hat die Fähigkeit, sich auf andere feste oder körperlose Geister einzustellen, oder auch auf Intelligenzen, die sich außerhalb von ihnen selbst oder ihrer eigenen näheren Umgebung befinden. Wahre Medien sind darüberhinaus in der Lage, das kollektive Unbewußte anzuzapfen, das unabhängig von Zeit und Raum existiert; daher ihre Fähigkeit, die Vergangenheit und Zukunft zu ‹sehen› .

Das Wort ‹okkult› bedeutet nichts weiter als ‹verborgen› und ist kein Synonym für die düsteren Praktiken, die den Strömungen der kosmischen Gesetze entgegenlaufen, auch wenn uns so manche unserer Sonntagszeitungen vom Gegenteil überzeugen wollen! Der wirkliche Okkultist oder Magier ist ein Mensch, dessen Ziel es ist, kosmische Kräfte oder subtilere Energien mit Hilfe seiner Geistes- oder Willenskraft zu manipulieren. Diese Fertigkeit wird langsam (und manchmal schmerzlich) über eine Reihe von Schulungen erworben, die als ‹Initiationen› bekannt sind.

Ein Okkultist kann auch überhaupt kein Medium sein, wie es bei dem berühmten elisabethanischen Weisen Dr. John Dee der Fall war, der sich ausschließlich auf die Dienste von Medien verließ. Der Okkultist vertritt den positiven oder richtungsweisenden Aspekt der metaphysischen Polarität, während das Medium sich auf der negativen/empfänglichen Seite befindet, sozusagen Yin und Yang.

Was ist nun mit dem Mystiker? Ein Mystiker ist ein Mensch, oft aus religiöser Neigung, der seinen Glauben einen Schritt oder auch mehr über die anerkannten Dogmen organisierten Glaubens hinausträgt und dabei in den Kosmos hineinreicht. Auf seiner Suche ist es möglich, daß er kosmische Energien weder lenkt noch ihre Einflüsse empfängt, sondern sie einfach beobachtet.

Während dieses Prozesses der Beobachtung bereichert der Mystiker seine Seele mit Wissen und Verstehen, ohne dieses Wissen notwendigerweise in der Praxis von Psychismus oder Okkultismus zu verwenden. Tatsächlich kann er sogar vollkommen unfähig sein, zu übertragen, was er sieht oder fühlt. Vielleicht verfügt er nicht über die notwendigen Richtlinien, um das zu tun, aber seine Erfahrungen ermöglichen es ihm, einen Ausdruck von Heiligkeit und Losgelöstheit vom normalen Tumult des Lebens zur Schau zu tragen.

Viele Mystiker jedoch sind auch Medien, Heiler oder Sozialarbeiter, und es gelingt ihnen, eine gewisse Aura oder Charisma auszustrahlen, was andeutet, daß sie mit einem Fuß in einer anderen, vielleicht erhabeneren Dimension, stehen.

Es gibt Menschen, die am extremen Ende der okkulten Polarität arbeiten, die entweder sehr positiv/richtungsweisend sind und deshalb ein Medium benötigen, mit dem sie polarisieren können, um die besten Ergebnisse ihrer magischen Arbeit zu erzielen, oder sie sind negativ/empfänglich, wenn sie am besten mit einem Okkultisten oder ‹Positiven› arbeiten. Aber es gibt auch andere, die dem Zentrum zupendeln und sich nach beiden Seiten anpassen können. Eine gute Arbeitspolarität aus positiv/negativ wird die besten Ergebnisse erzielen, wie die alten Kulte und Zivilisationen bereits erkannten. Polaritäten wie Priester/Prophet, Weiser/Kristallseher, Orakel/Interpret undsoweiter, wie sie in den historischen Aufzeichnungen vieler Religionen und Traditionen angeführt werden, werden die Wirksamkeit des Polaritätssystems bestätigen, was meine eigene Erfahrung nur bekräftigen kann.

Kosmisches Gesetz

Nachdem wir unsere Richtlinien festgelegt haben, können wir nun zur Frage der Existenz eines kosmischen Gesetzes weitergehen. Das Universum besteht nicht aus einer wahllosen, chaotischen Anhäufung von Lebenszyklen. Es folgt einem geordneten Muster, das mit den Naturgesetzen übereinstimmt und sich in Wissenschaft, Psychologie und alltäglichem Leben widerspiegelt. Der sichtbare Zyklus von Geburt und Tod wird konsequent in allen Dimensionen durchgeführt, als würde das Universum beständig ein- und ausatmen, und jeder Atemzug bedeutet eine weitere Erfahrung oder weiteres Wissen auf dem Weg zur Vollständigkeit.

Wenn die Lebenskräfte mit den vorwärts gerichteten Impulsen kosmischer Gesetze fließen, so sind die Ergebnisse harmonisch; doch sollte sich ein Geist oder eine Intelligenz entschließen, einen gegenläufigen Pfad einzuschlagen, so wird jemand auf dieser Strecke leiden. Was uns zum Thema des Bösen führt.

Das Böse

Es gibt viele Menschen, die die Existenz des Bösen als Macht oder Wesen nicht akzeptieren und andeuten, daß es sich nur um negatives Denken handelt, dem man leicht entgegenwirken kann, indem man seine Existenz ignoriert und nette Gedanken denkt. Das ist ja alles schön und gut, wenn der andere derselben Logik folgt und es vermeidet, im Schlamm zu rühren. Aber wenn wir uns den Tatsachen stellen, müssen wir leider sagen, daß der Planet, auf dem wir leben, nicht nur aus Honig und brüderlicher Liebe besteht; und allein die aus Haß erzeugte Gedankenkraft produziert ausreichend instabile Energie, um unsägliches Leid im Leben vieler zu verursachen.

Universale oder kosmische Energie ist eine vollkommen unpersönliche Kraft, die in sich weder gut noch böse ist. Sie wird erst durch die Absichten des Manipulators ‹schwarz› oder ‹weiß›, um es mit zwei ziemlich groben Ausdrücken zu benennen. Und so ist es auch im alltäglichen Leben: Wir benutzen vielleicht ein Feuer, um uns selbst zu wärmen, um unser Wasser zu erhitzen, um es uns im kühlen Klima angenehmer zu machen; oder aber wir stellen Bomben her, die die Flammen menschlichen Leidens entzünden!

Menschen, die versuchen, vorteilhafte soziale Veränderungen zu bewirken, stoßen unweigerlich auf gerade jene Regierungen, die von der vorhergehenden Ordnung profitieren. Dasselbe gilt für die übersinnliche und okkulte Welt. Ich erinnere mich, vor ein paar Jahren in London an einer Trance-Sitzung teilgenommen zu haben, in deren Anschluß ein Paar aus dem Publikum den Vorsitzenden fragte, warum er einen Schutz um das Medium plaziert habe. «Um sicherzustellen, daß das kommunizierende Wesen sich auf dem Weg des Lichts befindet und keine bösen Absichten hat», erwiderte er.

Das Paar, mittleren Alters bis ältlich, schien über diese Antwort verärgert. Sie erklärten, daß sie sich seit fünfundzwanzig Jahren ‹in diesem Geschäftszweig› befinden würden und niemals auf etwas ‹Böses› gestoßen wären. Woraufhin der fähige Vorsitzende meinte: «Nun, Madam, Sie haben es offensichtlich nie gestört!», was nichts weiter bedeutete, als daß sie das Leben derjenigen um sie herum wohl kaum bereichert hatten, trotz ihrer häufigen übersinnlichen Begegnungen.

Das, was allgemein als ‹das Böse› bezeichnet wird, ist also tatsächlich nur falsch plazierte oder fehlgelenkte Energie, die den vorwärts gerichteten Impulsen kosmischer Gesetze entgegenwirkt, und böse Menschen sind einfach jene, die die Naturkräfte falsch benutzen oder fehllenken, manchmal absichtlich, manchmal aufgrund ihrer Unwissenheit, und dadurch Leiden, Schmerz, Zerstörung und Chaos jeglichen Grades hervorrufen.

Das Thema des Bösen ist umfassend. Es wäre eingehender Betrachtung und Besprechung wert, als in einer einführenden Publikation abgedeckt werden kann, doch ich möchte mich damit begnügen daraufhinzuweisen, daß subtile Energien für selbstsüchtige oder destruktive Zwecke erweckt werden können und daß das, was in einer Zeitzone oder Periode der Geschichte das Böse ausmacht, nicht notwendigerweise in einer anderen dasselbe ausmachen muß. So ist die Ethik gewissermaßen abhängig von den vorherrschenden Bedingungen in jeglichem Bereich menschlicher Erfahrung, wohingegen kosmische Gesetze konstant bleiben. Auf dieser Prämisse werden wir unseren Schutzkodex für die vielen Bereiche geistiger und okkulter Aktivität aufbauen. Eine Definition dessen, was kosmisch richtig und was kosmisch falsch ist, läßt sich ganz einfach zusammenfassen — das Böse ist selbstsüchtig und destruktiv, das Gute selbstlos und konstruktiv.

Geistiges Bewußtsein

Wenn ein Mensch anfängt, aktives Interesse an geistigen oder okkulten Angelegenheiten zu nehmen, dann vollziehen sich gewisse Umwandlungen sowohl in seinem physikalischen Gehirn als auch in seinem psychologischen Zustand. Die Wissenschaftler streiten noch immer darüber, welche Rolle das physikalische Gehirn spielt, aber die übereinstimmende Meinung geht dahin, daß die linke Großhirnhälfte den Bereich der normalen, logischen Prozesse des alltäglichen Lebens abdeckt, einschließlich solcher Bereiche wie Mathematik, Physik, Technologien und alle praktischen oder rein sachlichen Belange; während die rechte Großhirnhälfte mehr mit Symbolik, Philosophie, Religion, kreativer Vorstellungskraft und abstrakten Konzepten befaßt ist. Eine ausgeglichene und gut zusammenspielende Persönlichkeit wird beide Hälften bis zu einem gewissen Grad einsetzen, wenngleich das Bildungssystem in der westlichen Welt dazu neigt, die Aktivitäten der linken Großhirnhälfte auf Kosten der mystischeren rechten Seite überzubetonen. Das Ergebnis ist eine ziemlich materialistische Gesellschaft, in der das Fernsehen und die Verbrauchsgüter regieren und nicht die feineren und sensibleren menschlichen Eigenschaften.

Mit der Ankunft des Wassermann-Zeitalters schlägt das Pendel langsam in die andere Richtung aus, wie es so oft nach einer Periode spiritueller Unterdrückung der Fall ist. Das Ergebnis ist eine Art offener Sesam für alles Metaphysische, so ausgefallen es auch manchmal sein mag. Der rechte Teil des Großhirns wird plötzlich aktiviert, obwohl die Psyche noch nicht die notwendige Programmierung bewältigt hat, um die *persona* im Gleichgewicht zu halten. Dadurch geht der Trend zu Gruppen von ‹Aussteigern›, geistig Degenerierten, eigentümlichen und exzentrischen Kulten und einem hohen Tribut an Geisteskrankheiten, die vom Berufsstand der Mediziner bereinigt werden müssen.

Jegliche Form seelischer Entwicklung bewirkt eine Erweiterung des Bewußtseins, sodaß von den rationalen Denkprozessen erfordert wird, andere Dimensionen oder Frequenzen von Leben jenseits der gewöhnlichen, alltäglichen materiellen Welt in Betracht zu ziehen. In den meisten Fällen ist das Gehirn fähig, die Information, die ihm von unterbewußten Quellen eingegeben wurde, zu verarbeiten, indem es abstrakte Konzepte mit Hilfe der Symbologie zu Richtlinien werden läßt, die sich dem normalen Grundprinzip leicht einverleiben lassen, und so übertriebene Ängste und vollkommene geistige Zusammenbrüche meidet. Nur wenn diese Programmierung nicht effektiv ist, beginnen die Symptome geistiger Krankheit sich zu manifestieren, was uns natürlich zu der Frage bringt: Ist der geistige oder okkulte Pfad richtig für jeden?

Da es uns hier um die geistige Selbstverteidigung geht, sollten wir diese Frage vielleicht neu formulieren: Ist es sicher für jedermann, auf diesem Pfad herumzupfuschen? Oder, angenommen, sie beabsichtigen, sich ernsthaft mit dem Thema zu befassen, ist jedermann geeignet, den Weg des Okkulten, des Übersinnlichen oder des Mystizismus einzuschlagen? Wenn ich absolut ehrlich bin, muß die Antwort ‹Nein› lauten, genauso, wie nicht jeder Ballettänzer, Arzt, Maurer oder Forschungsreisender sein kann. Das Möchte-Gern-Medium sollte zuerst seine eigene Seele erforschen und sich fragen, ob es vom Temperament her geeignet ist, sich auf die Ergründung seines eigenen inneren Bewußtseins und des größeren universalen Unbewußten einzulassen.

Es gehört eine starke und sehr stabile Persönlichkeit dazu, wirkungsvoll damit fertigzuwerden, wenn man Bedingungen außerhalb der programmierten Norm ausgesetzt ist, wie es schon klügere Leute als ich in zahlreichen früheren Büchern erklärt haben. Diejenigen, die feststellen, daß sie mit natürlichen medialen Gaben ausgestattet sind, sollten sorgfältig darauf achten, daß sie den Kodex des Kosmos beachten, sonst könnte es ihnen passieren, daß sie sich auf Geister einlassen, oder Energien lenken, die nicht immer gute Absichten haben oder harmonisch sind. Im Laufe der Jahrhunderte haben die Weisen und die ‹Alten Seelen› manches System zum geistigen und spirituellen Selbstschutz erfunden. Davon handelt dieses Buch.

Erkenntnisse

Angenommen man ist bereit, mit der geistigen oder okkulten Entwicklung weiterzukommen, dann ist einer der ersten Schritte, sich mit der Art von Dingen vertraut zu machen, denen man wahrscheinlich bei Ausflügen in unbekannte Gebiete des Unbewußten begegnen wird. Das Universum jenseits des normalen Bewußtseins der fünf Sinne ist von all denen, die es vor uns bereist haben, gut kartographiert und mit Schildern versehen worden, und es ist jetzt nur noch eine Frage, diese Schilder lesen zu lernen. Es gibt dafür ein Lexikon der archetypischen Symbologie, das sich immer bewahrheitet. Der Geist des Unterbewußtseins, der Teil also des psychischen Systems, der über Zeit und Raum hinausgreift, kommuniziert mit seinem bewußten Gegenstück mittels einer kosmischen Kurzschrift oder Bildersprache. Diese Sprache des inneren Geistes ist nun keineswegs das ausschließliche Gebiet des Okkultisten; Psychiater, Psychoanalytiker und Psychotherapeuten haben im Laufe der letzten Jahre seine Tiefen mit großer Geschicklichkeit erforscht. Der innere Geist kann verbal durch ein Trance-Medium oder einen Hellseher übermittelt werden, oder über die vielen ‹Hilfen› oder ‹Zeitschlüssel›, um den Ausdruck zu verwenden, der mir am liebsten ist, wie zum Beispiel Tarot, I Ging, Runen, Astrologie, undsoweiter. Detaillierte Kenntnisse der archetypischen Symbologie werden bald zeigen, ob der Anwärter auf den spirituellen Bereich:

1. einfach mittels Telepathie mit einem Anwesenden kommuniziert,
2. tatsächlich in der Zeit vorwärts- oder rückwärtsreist,
3. in übermäßigen Phantasie- oder Wunschvorstellungen schwelgt,
4. geistig krank oder
5. ein geldgieriger Scharlatan ist.

Es ist immer gut, sich daran zu erinnern, daß der Geist sich sozusagen seitlich erstrecken kann und nicht notwendigerweise immer ‹nach oben› oder ‹nach unten›. Dies ist ein Fehler, der nur allzu oft von eifrigen Meditierenden gemacht wird, die überzeugt davon sind, daß es ausreicht, im Schneidersitz dazusitzen und ‹Gott› zu denken, um einen ‹heißen Draht› zum Himmel herzustellen. Meistens enden sie damit, daß sie Aspekten ihres eigenen Unterbewußtseins gegenüberstehen, ‹Es› oder *Alter Ego.* Aber darin liegt auch eine Falle.

Derzeit ist, besonders unter jenen, die gierig auf Meditation sind, eine geistige Richtung sehr beliebt, die dahin lautet, daß jegliche Inspiration von dem ‹höheren Selbst› herrührt, daß es also keine Führer, keine körperlosen Wesen oder Intelligenzen aus anderen Sphären gibt, nur uns selbst! Die logische Frage wäre: wenn das so ist, gibt es dann keinen Punkt im kosmischen Bewußtsein, an dem all jene ‹höheren Selbste› miteinander kommunizieren? Oder sollen wir Inseln für uns selbst bleiben? Die Anwort lautet natürlich, daß die Inspiration nicht vollkommen aus uns selbst heraus kommt, weder aus dem höheren noch aus dem tieferen, denn es gibt einen Pool des universellen Geistes, der alle Intelligenzen aus allen evolutionären Sphären im gesamten Kosmos aufnimmt, und es ist möglich, sich auf diesen einzustellen und auf diese Weise mit Geistern außerhalb unseres eigenen zu kommunizieren und Inspiration von ihnen zu erhalten.

Zugegeben, es gibt viele Meditierende, die nicht viel weiter kommen als bis zu ihrem eigenen Unterbewußtsein, aber das ‹alles bin ich›-Syndrom ist ein bißchen so etwas wie ein Ego-Trip, wenn man sich einmal die Mühe macht, darüber nachzudenken, und im wesentlichen leugnet es den Fortbestand der Seele oder des Geistes bis in alle Ewigkeit. Aber das ist natürlich nur meine ganz persönliche Ansicht, was immer sie auch wert sein mag (und — das kann ich ganz ehrlich sagen — die Lehre jener, die mich auf dem geraden und schmalen Pfad halten!)

Viele Jahrhunderte hindurch wurde Okkultisten geraten, zu ‹wissen, wagen, schweigen›; deshalb wende ich mich an jene strebsamen Seelen, die so viel Zeit mit der Suche nach den Geheimnissen des Universums zu verbringen und doch nicht sehr schnell irgendwohin zu gelangen scheinen, und erkläre: «Denkt immer an das alte östliche Axiom: ‹Wenn der Chela/Schüler bereit ist, wird der Guru erscheinen!› »

Erste psychische Schritte

Lassen Sie uns nun diese ersten psychischen Schritte mit dem Anfänger machen und sehen, worauf er oder sie wahrscheinlich trifft, wie es zu erkennen ist, und wie man Schutz oder eine Form der Kontrolle über den Prozeß bewirkt. Eine heute beliebte und verbreitete Methode ist es, das Unterbewußtsein mit Hilfe einer Meditationstechnik zu erforschen, die kreative Imagination erforderlich macht. Man wird zum Beispiel aufgefordert, sich, sagen wir einmal, ein grünes Feld vorzustellen, dann dieses Bild auszudehnen und zu schauen, was außen herum oder weiter vorne liegt. Das kann der Ozean sein, eine Höhle in den Bergen, eine kleine Erhebung oder auch ein Loch im Boden. Im Falle seiner Aktivierung wird das Hirn unterschiedliche geistige Bilder hervorbringen, die je nach dem einzelnen Individuum variieren, und sollte ein inneres Ungleichgewicht bestehen, das nach außen nicht offensichtlich ist, so wird diese nach innen gerichtete Suche es bald an die Oberfläche bringen.

Ein alter Lehrer (unter dem ich das Privileg hatte, studieren zu dürfen) verglich diese frühen Schritte auf dem Pfad des Okkulten mit der Suche nach einem Leck in der Gasleitung mit einem brennenden Streichholz. Aber dies ist bei allen bewußtseinserweiternden Techniken der Fall, mag es sich nun um Hypnotherapie, die allgemeine psychisch-geistige Entwicklung, Psychoanalyse oder sonst etwas handeln. Jede einzelne von ihnen kann eine Abreaktion hervorrufen, wenn der falsche Knopf (oder vielleicht auch der richtige) gedrückt wird.

Die meisten gut angepaßten Personen sind fähig, mit Hilfe des Codes der Symbologie eine Verbindung zu ihrem Unterbewußtsein herzustellen, von wo aus sie dann nach vorne und nach außen in die Zeitlosigkeit vordringen können. Es gibt viele Ausdrücke, dic diesen Aspekt des Selbst bezeichnen, der bei

bei den Ausflügen in diesen Bereich des universellen Denkens die Macht übernimmt: Überich, höheres Selbst, inneres Selbst undsoweiter. Tatsächlich sind wir keine Reihe unterschiedlicher Menschen, sondern eine vollständige Einheit, wenngleich diese Einheit auch wiederum nichts weiter als ein Fragment der Gruppenseele ist und diese ihrerseits wiederum ein Fragment des Kosmos.

Wenn wir uns verwirklichen, gelingt es nur einem sehr kleinen Teil oder Aspekt dieser Einheit, sich zu manifestieren. Vergleichen wir es mit einem großen Wassertank, dem spirituellen Ganzen, aus dem ein paar Tropfen in eine winzige Glasflasche gefiltert worden sind — unser Körper mit seinem Gehirn —, und doch ist das Wasser im Tank seinerseits nur ein Tropfen im Ozean kosmischen Bewußtseins. Das menschliche Gehirn ist mit dem Potential ausgestattet, Beziehungen zur ‹outer time› aufzunehmen (manche bezeichnen dies auch als ‹inner space›, aber ich halte das für einen Widerspruch der Ausdrücke, wenn man es mit einem zeit- und endlosen Universum zu tun hat). Doch im evolutionären Kreislauf eines jeden Individuums gibt es dafür die richtige Zeit. Wenn wir es versuchen, ehe dieser Zeitpunkt herangereift ist, dann werden wir entweder nirgendwohin gelangen und am Ende behaupten, so etwas gäbe es nicht und alles wäre nur Schwindel, oder aber wir können das, was wir auf unseren Reisen in die ‹outer time› antreffen, nicht berechnen und enden mit einem geistigen Zusammenbruch.

Aber kehren wir zu unserem Schüler zurück, der den richtigen Linien folgt, der dank seiner kreativen Phantasie das grüne Feld überquert hat und in eine Höhle (das Unterbewußtsein) eingedrungen ist und schließlich einen Raum betreten hat, in dem er sich einem Menschen, einem Tier, einer Blume oder einem Symbol gegenübersieht. Dem Bild einer Person zu begegnen kann, zum Beispiel, bedeuten, daß man auf einen anderen Aspekt seiner selbst stößt, als da ist Anima/Animus; oder dieser Vorgang symbolisiert eine Verbindung zu der Gruppenseele, einer Zwillingsseele oder archetypischen Gottgestalten, die die spirituelle Persönlichkeit vollkommen im Gleichgewicht halten;

auch Blumen und Tiere haben ihre Sprache.

Der fähige Okkultist oder Therapeut kann schon bald feststellen, womit er es zu tun hat, und weiß, wie er dem Meditierenden am besten helfen kann, sich selbst zu helfen. Aber natürlich sind nicht alle Menschen, die Meditationsgruppen übernehmen, so talentiert und ausgebildet. Viele Menschen wünschen, diesen Zweig der Wissenschaft in der Einsamkeit ihrer eigenen vier Wände zu verfolgen. Auch für jene Leute gibt es bestimmte Regeln, einen Highway-Kodex, wenn Sie so wollen, unter dem Motto ‹Sicherheit hat Vorrang›, den wir noch untersuchen wollen.

KAPITEL
2

Gesetze des Okkulten

Die Reise durch die Dimension dieser anderen Zeitebene *(outer time)* kann mit dem Bereisen des Netzwerkes von Verkehrsadern verglichen werden, die unser Land überziehen. Es gibt schmale Gassen, geschäftige Straßen in der Stadt, Waldwege und Schnellstraßen; und man kann jederzeit fliegen. Die Gefahren, denen man sich auf diesen Wegen gegenübersehen kann, unterscheiden sich, und deshalb sind auch die Arten der Unfälle verschieden, die geschehen können. Der Zusammenstoß mit einem anderen Radfahrer kann sehr wohl einen Knochenbruch verursachen, aber die Wahrscheinlichkeit, sich mehr als einen Knochen zu brechen, wenn man mit einer Stundengeschwindigkeit von über 40 km zusammenstößt ist weit größer. Der Fußgänger, der durch den Wald schlendert, stößt vielleicht nicht gerade mit einem Bus zusammen, aber der dort ansässige Räuber könnte unterwegs sein. Fährt man mit Höchstgeschwindigkeit in einem schnellen Rennwagen eine Autobahn entlang, so setzt man sich der Gefahr aus, schwer verletzt oder gar getötet zu werden, sollte es zu einem Unfall kommen, während nur wenige das Glück haben, einen Flugzeugabsturz zu überleben! Mit anderen Worten, die Gefahren befinden sich in Relation zu den Bedingungen und Aktivitäten, weshalb Fahranfänger auf englischen Autoschnellstraßen nicht zugelassen sind und man von Radfahrern und Fußgängern verlangt, gewisse Straßen zu meiden.

Bei der spirituellen und geistigen Arbeit trifft man gewöhnlich nur auf die Gefahren, die mit der jeweiligen Stufe der Entwicklung verbunden sind, so, wie man sie in der logischen Folge der Initiation erreicht. Solange man also nicht den Fehler macht und versucht zu rennen, ehe man krabbeln kann, können die natürlichen Mechanismen des Gehirns für gewöhnlich mit allen neuen Impressionen fertig werden, mit denen sie von der Psyche gefüttert werden, die sich auf veränderte Bewußtseinsebenen ausdehnt. Der Student des Okkulten trifft in natürlicher Weise auf seine Initiationen, und es ist ein Fehler, in der psychischen, okkulten oder mystischen Entwicklung nach dem einfachen Weg oder dem schnellen Wunder zu suchen.

Als ich einen besonders schwierigen Abschnitt meines Lebens erreicht hatte, als alles in Aufruhr zu sein schien, informierte mich der Lehrmeister, bei dem ich studierte, daß mir eine wichtige Initiation bevorstünde. Ich erinnere mich, gedacht zu haben ‹O nein, nicht auch das noch zu allem anderen . . .› Aber verzweifelt ackerte ich weiter und war bald am Ende meines Lateins. So näherte ich mich meinem Meister mit aller Bescheidenheit, die ich aufbringen konnte, und erzählte ihm, daß ich meine Grenzen erreicht hätte und nicht weitermachen könnte, was also hieß, daß ich mit der bevorstehenden Initiation niemals fertigwerden würde. Ich weiß noch seine Worte: ‹Aber, meine Liebe, Sie haben sie gerade hinter sich gebracht!› Tatsächlich waren diese anstrengenden Bedingungen, durch die ich mich in den vorangegangenen Wochen gequält hatte, die Initiation, und ich hatte ängstlich ein Poltern in der Nacht erwartet, okkulte Feinde, die mich angreifen würden. Lektion Nummer eins lautet also, daß Initiationen IN JEDEM BEREICH DES LEBENS eintreten können, aus dem wir etwas zu lernen vermögen, und daß sie nicht notwendigerweise geistige oder spirituelle Form annehmen müssen.

Gesetze des Okkulten

Es gibt eine Reihe von Gesetzen, die sich auf geistige oder metaphysische Angelegenheiten beziehen und allgemein als ‹okkult› bezeichnet werden. Zwei von ihnen lassen sich auf die geistige Selbstverteidigung anwenden: DAS GESETZ DER HERAUSFORDERUNG und DAS GESETZ DER GLEICHHEITEN.

Das Gesetz der Herausforderung wird in allen Bereichen geistiger oder okkulter Arbeit angewendet, oder sollte es zumindest werden. Es besteht daraus, daß man einen Schutz um sich selbst errichtet, oder um seine geistig Anvertrauten, ehe man mit der Arbeit oder HERAUSFORDERUNG dessen beginnt, was in Erscheinung treten oder sich selbst spürbar bemerkbar machen wird. Diese Herausforderung variiert je nach der Lehre, Tradition oder dem System des Okkultismus oder religiösen Glaubens, dem die Teilnehmer angehören.

In den Anfangstagen der Entwicklung haben es die meisten von uns für gewöhnlich mit einem besonderen Glauben oder System zu tun, die von unserem ethnischen Hintergrund und der Programmierung durch unsere Umgebung abhängen. Der am weitesten verbreitete Stützpfosten in der westlichen Welt ist die christliche Tradition. Es ist erstaunlich, wie viele Schüler zurückstürzen zu dem, was sie für die sicheren Waffen des Kreuzes halten, sobald sie irgendeine Form psychischer Gefahr spüren. Ich kenne jemanden, der einen hohen Status im Hexenkult behauptet, aber zurück zu Jesus eilt, sobald der Wind ein wenig zu laut durch die Bäume pfeift! Nun, das ist alles schön und gut, wenn man wirklich an Jesus glaubt, und das versuche ich Ihnen klar zu machen. Im Grunde liegt der Schutz im Geist des Individuums, und wenn SIE glauben, ein bestimmtes Gebet oder Symbol wird Sie beschützen, dann wird es das auch tun, AUSSER das nächste okkulte Gesetz, DAS GESETZ DER GLEICHHEITEN, kommt ins Spiel.

Das Gesetz der Gleichheiten verfügt, daß — wenn zwei Geister im Kampf aufeinanderstoßen oder sich entgegengesetzte Kräfte zusammenprallen (was dasselbe ist, nur anders ausgedrückt) — einer an Überlegenheit gewinnen und somit eine weitere Initiation durchlaufen wird, während der andere noch eine Weile länger unten bleiben und sich festigen muß. Abhängig von den Absichten des Siegers könnte es auch andere, weitreichendere Überlegungen geben, aber dies ist kein spirituelles Textbuch, und so möchte ich nur die Anmerkung machen, daß ein Schüler, der diesen Weg einschlägt und die Klingen mit jemandem kreuzt, der schon weiter oben auf der Leiter angelangt ist, nicht hoffen kann, ihn zu überwältigen, indem er ein Kreuz vor ihm schwenkt und ihm (bei allem Respekt vor einer bekannten Filmgesellschaft) befiehlt zu gehen!

Ich erinnere mich, daß vor ein paar Jahren, als ich eine Reihe von Versammlungen in London abhielt, ein junger Mann von ungefähr siebzehn Jahren erschien. Nach dem Gespräch näherte er sich mir mit der Bitte ‹Könnten Sie mich wohl mit einer wirklich schlimmen Gruppe zusammenbringen, die sich der schwarzen Magie verschrieben hat?› ‹Warum das denn?› erkundigte ich mich ziemlich verblüfft. ‹Nun›, fuhr er fort, ‹ich habe in diesem Buch gelesen, daß die Macht der Kirche sie alle außer Gefecht setzen und daß das Gute über das Böse triumphieren wird, wenn man ein Kruzifix mitnimmt und emporhält.› Achja, der Optimismus der Jugend ... Wenn es nur wirklich so einfach wäre, dann wäre die Welt ein freundlicherer, sanfterer und friedlicherer Ort zum Leben! Aber leider funktioniert es nicht so.

So, wie meine eigene Initiation im Alltagsleben stattfand, so ist es auch mit dem Kampf um Erleuchtung auf diesem Planeten. Es gibt natürlich Gruppen geistig kranker Menschen (ich weigere mich, sie als ‹Okkultisten› bezeichnet zu hören), die in grausamen und schmutzigen Riten schwelgen. Aber die Sünden der Menschheit werden weit häufiger aufgrund des normalen Lebens, des alltäglichen Leidens, von Not und Grausamkeit, Krankheit und den Ängsten unseres Zeitalters begangen. Es gibt ein altes chinesisches Sprichwort, in dem es heißt ‹Einander bestimmte Feinde treffen sich immer in engen Gassen›, und das ist dort sehr wahr, wo es um das Gesetz der Gleichheiten geht.

Deshalb rate ich dem Schüler, sich im Rahmen seiner Grenzen zu bewegen und keinen Ärger zu suchen, indem er sie überschreitet. Machen Sie immer nur einen Schritt auf einmal und festigen Sie sich, während Sie vorangehen, machen Sie häufig Pausen, um sich zu ‹erden›. Einer der größten Vertreiber der Angst ist das Lachen, und so lange es nicht auf Kosten anderer geht oder Verlegenheit und Kummer erzeugt, lachen Sie alle Ängste fort. Ein weises altes Medium hat vor vielen Jahren einmal zu mir gesagt: «Wissen Sie, der Teufel haßt es, Lachen zu hören», und die Erfahrung hat diese Aussage bestätigt.

Initiation

An dieser Stelle sollten wir genau festsetzen, was wir unter dem Begriff ‹Initiation› verstehen. Natürlich handelt es sich nicht um eine Reihe von Examen, die man bestehen muß, es gibt keine Note Eins im geistigen oder spirituellen Bereich. Ich sehe die Initiation folgendermaßen: man läßt sich auf ein Studium ein, was nicht unbedingt Bücher und Riten umfaßt (wenngleich diese hilfreich sein könnten), befaßt sich aber mehr damit, sein Bewußtsein zu erweitern. Indem man voranschreitet, steigt man langsam zur nächsten Ebene auf. Vielleicht ist es falsch, das Verb ‹aufsteigen› zu benutzen, da es eine Aufwärtsbewegung andeutet, man sich aber letzten Endes in alle Richtungen durch Zeit und Raum erweitern muß. Sollen wir also lieber sagen ‹erreicht man eine neue Bewußtseinsebene›? Das hat den Effekt, daß der Geist mit einer ganz neuen Reihe von Erfahrungen beschenkt wird, die er berechnen, rationalisieren und in das richtige Verhältnis bringen muß. Erst wenn der Geist, oder die Psyche, sich nicht mit dem abfinden kann, was er erfahren hat, ist die Initiation fehlgeschlagen und die Person gezwungen, sich auf eine frühere Ebene zurückzuziehen, auf der sie sich sicher fühlt.

Was uns direkt zu der Frage zurückführt, was einen sicheren Hafen ausmacht. Schließlich wird sich der Eingeweihte von allen Systemen zurückziehen und Vertrauen in seine eigenen inneren Quellen und sein einzigartiges persönliches Verständnis des Großen Architekten des Universums, des Mittelpunkts der Zeit, Gottes oder wie immer man diesen Status allen Lichtes nennen will, entwickeln. Doch sollten Schüler versuchen, sich die Eigenschaften einer solchen Stufe spirituellen Bewußtseins anzueignen, ohne zuvor die Leiter der Initiation zu erklimmen, dann werden sie Probleme bekommen, und nur ein Praktiker, der schon weiter vorangeschritten ist als sie selbst (Gesetz der Gleichheiten) wird in der Lage sein, ihnen wieder auf die Füße zu helfen.

KAPITEL
3

Wie man die Aura verstärkt

Jedes Lebewesen hat eine Aura, ein Energie- oder Kraftfeld, das die körperliche Hülle umgibt. Diese Aura fungiert als Schutzschild gegen viele Dinge, einschließlich Krankheit, Einwirkung anderer Geister oder Intelligenzen; sie sichert die Beibehaltung natürlicher physischer und geistiger Energien undsoweiter. Wenn unsere Auren durch irgend etwas beschädigt werden, kann die Unreinheit mit gräßlichen Ergebnissen eindringen. Ich habe viele Jahre auf dem Gebiet des Heilens gearbeitet und ausreichend Beweise hierfür gesehen. Menschen, die schwere Stürze erlitten hatten (welche die Aura verlagerten), zeigten in den Folgemonaten häufig Anzeichen anderer Krankheiten, immer an Stellen, an denen die Aura durchbrochen oder funktionsunfähig war. Dem erfahrenen Okkultisten, dem Medium oder einer medial veranlagten Person wird die Aura zeigen, was mit jemandem nicht stimmt, der krank ist, bei dem aber mit normalen klinischen Methoden keine Diagnose gestellt werden kann. Die Aura zeigt Verfärbungen, Unterbrechungen und Kerben undsoweiter, wenn eine geistige oder körperliche Krankheit vorliegt, und die Farbe (oder ihr Fehlen) hilft dem Heiler, den Zustand einzuschätzen.

Mit der geistigen Entwicklung neigt die Kopfaura dazu, sich auszudehnen, und bei sehr fortgeschrittenen oder ‹alten› Seelen ist sie überaus deutlich sichtbar. Deshalb werden Heilige oder fromme Menschen oft mit einem Heiligenschein um den Kopf dargestellt, ja, häufig sogar mit einem Lichtstrahl, der von oben in diesen Heiligenschein hineinläuft. Diejenigen von uns, die mit Trancemedien gearbeitet haben, werden diese Erfahrung bereits gemacht haben und genau dasselbe Phänomen beobachtet haben, wenn ein Wesen oder eine Intelligenz des Lichts Impulse durch die Kopfaura des Mediums in seinen Geist gesandt hat.

Das angehende Medium oder der angehende Okkultist müssen deshalb zuallererst lernen, ihre Aura zu beherrschen, um zu verhindern, daß andere Geister darauf Einfluß nehmen können. Es gibt ein altes Sprichwort, ‹wenn du den Teufel am Schwanz ziehst, dann schreit er›, was nichts anderes meint als das bereits Gesagte; daß man nämlich, wenn man in dieser Welt Gutes tut oder Licht in sie bringt, die dunklen Ecken stört und die ‹Bösen› in alle Richtungen davonjagt. Also wird jeder, der sich auf das Feld der Bewußtseinserweiterung begibt, früher oder später irgendwie auf Gegenkräfte stoßen. Wenn man es lernt, seine Aura zu verstärken, so wird das mithelfen, ungewollte Einflüsse zu verdrängen. Hier ein paar Tips für den Anfänger, wie er das erreichen kann.

Beherrschung der Aura

Die Aura, die aus einer feineren Substanz ist als die Materie, funktioniert auf der selben Ebene oder mit der selben Geschwindigkeit wie Gedanken. Sie läßt sich also durch Gedankenprozesse kontrollieren; mit anderen Worten, man kann seine Aura nach Belieben offen oder geschlossen ‹denken›. Das ist aber zuerst gar nicht so einfach — ähnlich wie Fahrradfahren, das so leicht aussieht, wenn es der Sechsjährige aus dem Nebenhaus tut. Aber für den Erwachsenen, der zum ersten Mal auf dem Sattel sitzt, können die Fragen des Gleichgewichts schwierig und die Stürze schmerzlich sein.

Hier nun eine einfache Technik, bei der die Farbe angewendet wird. Die sichersten und reinsten Farben für die Benutzung der Aura sind blau und weiß. Wir wissen ja alle, wie eine große

Plastiktüte aussieht, wie wir sie hernehmen, um unsere Wäsche oder die Sachen aus der Reinigung von Staub und Dreck frei zu halten. Stellen Sie sich einfach vor, Sie steigen in eine klare blaue oder weiße hinein, ziehen sie am ganzen Körper hoch und binden sie über Ihrem Kopf ganz fest zu. Ihre geistige Plastiktüte wäre wasserfest, keimfrei und ein Schutz gegen Astralkugeln, wenn Sie verstehen, was ich damit meine; und Sie können durch sie in die Welt hinaussehen, ohne sich bewußt zu sein, daß sie da ist, wenn sie erst einmal die richtige Position hat. Was nun das Schließen am oberen Ende angeht, so können Sie hier ein ‹Sicherheit-hat-Vorrang› -Symbol gemäß Ihrer Überzeugung heranziehen. Wenn Sie Christ sind, denken Sie vielleicht gern an ein goldenes oder silbernes Kreuz. Ein Taoist zieht vielleicht das Yin-Yang-Symbol vor; ein Kabbalist eine Sephira, der Hermetiker einen Caduceus, undsoweiter.

Wenn die plastische Vorstellung der Moderne Ihnen mißfällt: ein Umhang aus einer reinen Farbe oder klarem Licht funktioniert genauso gut. Ich erinnere mich, als Kind eine Statue der Jungfrau Maria gesehen zu haben. Sie war in ein schweres blaues Gewand gehüllt, das sie von den Füßen aufwärts umhüllte und langsam mit einem silbernen Diadem aus Sternen verschmolz, das um ihren Kopf lag. Eine reizende Darstellung der Aura, wirklich, aber wenn Sie einer jener Macho-Männer sind, die das feminine Prinzip meiden (eine Schande, denn früher oder später müssen Sie sich doch damit abfinden), wie wäre es dann mit einer glänzenden Rüstung, komplett mit Helm, wie ihn Athene trug? Schließlich war diese griechische Göttin der stärkste aller Krieger. Sie triumphierte selbst über Ares, den eigentlichen Kriegsgott. Aber im Gegensatz zu Ares, der aus Vergnügen kämpfte, kämpfte Athene nur zur Verteidigung, und darin liegt eine okkulte Wahrheit ...

Sie sehen also, es ist nicht schwer, zu lernen, die Aura zu beherrschen und sie zu allen Zeiten geschlossen zu halten, es ist nur eine Frage davon, seinen Geist zu kontrollieren. Nach einer Weile wird es zu einer automatischen Handlung, und Sie werden feststellen, daß Sie Ihre Aura nach Belieben ausdehnen und zusammenziehen können. Ein erfahrener Okkultist oder ein Medium, das seine Gegenwart nicht gleich beim Betreten eines Raumes bekanntmachen will, kann seine Aura einziehen oder ‹maskicren›, wie wir das nennen, denn es ist nicht immer ratsam, seine Trümpfe sofort auszuspielen. Die Farbe der Aura kann sich im Verlauf der verschiedenen Entwicklungsstufen ändern, aber es ist ratsam, zu lebhafte Farben im Bereich der Kopfregion im Verlaufe von okkulten Riten oder bei geistigem Arbeiten zu meiden. Und sollten Sie feststellen, daß jemand, mit dem Sie arbeiten, leuchtendrote oder schmutzigbraune Farben in der Kopfregion produziert, dann verschließen Sie sich unverzüglich und versuchen Sie, wenn möglich, den Kreis zu durchbrechen.

Weiß, Blau, bestimmte Schattierungen von Grün oder auch ein helles Lila sind in Perioden geistiger Aktivität in der Kopfregion annehmbar, und wenn Sie Gold oder Silber bemerken — umso besser. Vergessen Sie nicht, es ist IHR GEIST, der Ihre Aura beherrscht. Heiler können sie für Sie reinigen und Ihnen helfen, sie nach Perioden von Krankheit oder Initiation wieder aufzubauen. Aber genau wie bei Ihrem Körper ist es IHR persönliches Mittel, und wie Sie die Aura behandeln, wenn Sie das Wissen erst einmal erworben haben, das bleibt zwischen Ihnen und Maat (der Göttin der Wahrheit, die in der äpyptischen Tradition die Herzen der Menschen gegen die Feder der Wahrheit in den Hallen von Osiris aufwiegt, nachdem der Körper gestorben ist).

KAPITEL
4

Symbole für kosmischen Schutz

So, wie es auf unseren Autobahnen und Nebenstraßen Unfallverhütungsvorschriften gibt, so gibt es auch bestimmte Symbole, die uns helfen, einen sicheren Weg durch die Bereiche erweiterten Bewußtseins zu finden. In der ägyptischen Magie wurde Anubis, Sohn von Nephthys (Psychismus) und der Osiris (Licht und Wahrheit) vollkommene Sicherheit versprochen, wenn er die Bedingung akzeptiere, daß die Unterwelt dem entspräche, was viele Medien und Okkultisten als die niedrige Astralstufe bezeichnen. Man darf dabei nicht vergessen, daß wir es im Okkultismus mit Prinzipien zu tun haben und nicht mit Persönlichkeiten, und Anubis repräsentiert gerade ein solches Prinzip. Für viele von uns ist es oft einfacher, sich einen Grundsatz bildlich und nicht abstrakt vorzustellen; daher der schakalähnliche Anubis, oder Zerberus, der die Tore zum griechischen Hades bewacht.

Die ägyptischen Zauberpriester erzählten uns, daß Wahrheit und Licht notwendige Fackeln wären, die wir bei uns tragen müßten, wenn es unser Ziel wäre, die Bereiche des Psychismus sicher zu durchschreiten, und wir müßten auch den Anubis in uns kultivieren, um unversehrt aus diesen Bereichen zurückzukehren. Es ist interessant zu sehen, daß Anubis auch der Herr der Anästetika ist (der Geist aus dem Körper) und der Schutzpatron der Psychiater und Psychoanalytiker! In all diesen Praktiken gelten dieselben Prinzipien, und in der Astrologie entspricht Anubis dem Planeten Pluto.

Die Symbole, die zum Schutz eingesetzt werden können, hängen — wie ich bereits betont habe — stark vom Glauben des Benutzers ab AUSSER WENN SIE FÄHIG SIND, IHRE PERSÖNLICHEN UND GOTT-SYMBOLE ZU ENTDECKEN. Diese sind dann ebenso sicher, wenn nicht sicherer, wie die meisten andern. Doch für jene, die sich wohler fühlen, wenn sie unter dem Schirm des Orthodoxen Schutz suchen können, möchte ich hier ein paar ‹sichere› Symbole aus verschiedenen Systemen und Glaubensrichtungen aufführen; jedes einzelne davon kann vor der Meditation, der psychischen Entwicklung oder okkulten Riten als Form einer Bitte um Schutz angewandt werden. Der Gedanke, der dahinter steht, ist, daß sie den Benutzer automatisch auf den Schöpfer dieses bestimmten Glaubens einstellen, oder aber aus dem Stapel von Gedanken und Gebeten schöpfen, der im Laufe der Jahre von dieser Religion errichtet worden ist.

SYMBOLIK

CHRISTLICH	Kreuz, Rose, Kelch oder Gral, Taube
ÄGYPTISCH	Ankh, *djed* oder Säule der Osiris, Auge des Horus, Thron des Isis
NORDISCH	Die Runen
KABBALISTISCH	Sephira 1 (Kether) oder 6 (Tiphareth). Pentagramm mit der Spitze nach oben.
TAROT	Nummern 1 & 2 zusammen (Der Magier und Die Hohepriesterin) oder Nummern 9 & 11 zusammen (Der Einsiedler und Die Kraft)
PANTHEISTISCH	Die Symbole der Elemente (Feuer, Wasser, Luft und Erde), ebenso Kreuz und Eiche
ÖSTLICH	In der Tradition des Ostens gibt es viele verschiedene Schulen des Mystizismus, eine jede mit ihren eigenen Gottheiten und den entsprechenden Symbolen. An-

fängern, die nicht darauf abzielen, den Pfad des Okkulten zu beherrschen, würde ich empfehlen, daß sie sich mit dem Yin-Yang-Symbol begnügen, oder mit dem einfachen weißen vier- oder sechsblättrigen Lotus. Der vielblättrige Lotus wird mit dem Sahasrara Chakra assoziiert. Es ist also das Beste, damit zu warten, bis die Reise des Kundalini durch die tieferen Chakras gemeistert worden ist. Bestimmte allgemein beliebte Mantras mögen für die ethnischen Gruppen oder Kulturen geeignet sein, in denen sie heimisch sind, aber sie sind nicht notwendigerweise für die Menschen des Westens geeignet.

Es gibt viele andere okkulte Schulen oder Traditionen, jede mit ihrem eigenen Schutzsymbol, und zahlreiche Variationen derjenigen, die ich bereits angegeben habe, aber es würde ein eigenes Buch erfordern, wollte ich sie alle abdecken. Letztendlich sollte der Schüler seine eigenen persönlichen und Gott-Symbole suchen, da diese ihn nicht an irgendein bereits bestehendes System fesseln, sondern ihm freie Bahn lassen, um den direkten Kontakt mit seinen wahren kosmischen Bindegliedern oder archetypischen Wurzeln herzustellen.

Persönliche und göttliche Symbole

Jedes einzelne Individuum hat ein Symbol, das ihm persönlich entspricht. Das kann ein schlichter Gegenstand sein, wie zum Beispiel eine weiße Blume, ein gelbes Band, ein Stern, ein Tier, ein Grashalm. EINFACH ALLES. Verwerfen Sie eine Impression niemals, nur weil sie zu irdisch erscheint, denn alles ist erlaubt. Es ist gut möglich, daß jemand anderer ein ähnliches Symbol hat wie Sie selbst; das macht weiter nichts, sondern weist nur auf eine Verbindung der Gruppenseele hin.

Die Methode: Ihr letzter wirklicher Kontakt mit einer anderen Zeitdimension, und somit mit Ihrem Unterbewußtsein in seiner reinsten Form, unbeeinflußt von der Umwelt, hat direkt vor Ihrer Empfängnis stattgefunden. Sie müssen also Folgendes tun: SETZEN SIE SICH BEQUEM HIN. SIE KÖNNEN SICH AUCH LEGEN, WENN SIE ES WÜNSCHEN. Schließen Sie die Augen und stellen Sie sich vor, Sie machten eine Reise rückwärts durch die Zeit bis zum Augenblick Ihrer Geburt. Kehren Sie in den Mutterleib zurück und treten Sie am anderen Ende zum Zeitpunkt Ihrer tatsächlichen Empfängnis wieder aus, direkt vor dem Eintritt in den Embryo, der Sie werden sollen. Machen Sie eine kurze Pause, und dann fangen Sie an, sich wieder vorwärts zu bewegen, durch das Drama Ihrer Geburt hindurch. Und während Sie das tun, stellen Sie sich vor, Sie würden ein silbernes Seil in Händen halten, das von Ihrer Babygestalt ausgeht, und es mitziehen, während sie sich vorwärtsbewegen bis zur Gegenwart.

Durchleben Sie die Erfahrung der Kindheit, machen Sie hier und da eine Pause, um einen besonders traumatischen oder bedeutungsvollen Moment neu zu erleben, großes Glück, Leid oder neues Bewußtsein, und jedes Mal, wenn Sie eine Pause machen, KNÜPFEN SIE EINEN KNOTEN IN IHR SILBERNES SEIL. Reisen Sie im Geiste weiter durch die Jahre Ihrer Teenager-Zeit bis zu dem Punkt Ihres Lebens, den Sie jetzt erreicht haben, ABER MACHEN SIE WEITERHIN IMMER PAUSEN, UM DIE GEFÜHLE ANLÄSSLICH EINES WICHTIGEN EREIGNISSES NACHZUVOLLZIEHEN UND EINEN DEMENTSPRECHENDEN KNOTEN IN IHR SEIL ZU KNÜPFEN.

Und so erreichen Sie schließlich die Gegenwart, das Seil voller Knoten hinter sich. Ziehen Sie den Anfang des Seils zu sich heran und verbinden Sie es mit dem Ende, das die Gegenwart darstellt, ungefähr so wie eine Schlange, die sich in den eigenen Schwanz beißt **(Ouroboros).** Auf diese Weise wird ein Kreis geschaffen. Benutzen Sie weiterhin Ihre kreative Phantasie, legen Sie den Kreis vor sich aus und treten Sie hinein. Sie werden augenblicklich das Gefühl haben, wie durch ein Dunkel nach unten zu sinken, aber es ist nicht erschreckend. Dieser Kreis verkörpert die Gesamtsumme Ihrer Erfahrungen als Geist oder Seele, so, wie sie von Ihrem Unterbewußtsein in die äußere Zeitdimension getragen und dem Leben in der Gegenwart, der inneren Zeitdimension, hinzugefügt worden ist.

Nachdem Sie sich selbst gestattet haben, durch den Kreis hinabzusteigen, werden Sie schließlich feststellen, daß Sie das erreichen, was sich wie der Grund anfühlt. Die Erfahrung wird bei jedem Individuum unterschiedlich sein, aber häufig handelt es sich um einen schlammigen oder wässrigen Boden, der den ersten ursprünglichen Schoß darstellt. Bleiben Sie entspannt und atmen Sie langsam und tief, und Sie werden automatisch wieder anfangen aufzusteigen. ABER DIE ART UND WEISE, IN DER SIE AUFSTEIGEN, WIRD EINZIGARTIG FÜR SIE SEIN. Vielleicht steigen Sie eine Treppe empor, oder fliegen mit Flügeln, oder klettern einen Berg hinauf, aber welche Methode auch immer, Sie WERDEN aufsteigen.

Das erste Ding, das Sie ‹sehen›, wenn Sie am oberen Ende Ihres ‹Brunnens› oder der dunklen Passage ankommen, wird IHR EIGENES PERSÖNLICHES SYMBOL sein. Sie erleben, zum Beispiel, wie Sie eine scheinbar endlose Treppe hinaufstapfen, und dann kommen Sie plötzlich oben an, und durch ein Fenster fällt Licht. Sie schauen aus dem Fenster und erblicken einen Baum in voller Blüte. Dieser Baum ist dann Ihr PERSÖNLICHES SYMBOL. Oder Sie öffnen eine Tür und sehen einen einfachen Hut, der an einem Haken hängt. Dieser Hut ist dann Ihr Symbol.

Solange Sie es nicht versuchen, werden Sie es nicht wissen, ABER ES MUSS DER ERSTE EINDRUCK SEIN, DEN SIE HABEN. Es hat keinen Zweck, es mehrmals zu versuchen, weil Sie beim ersten Mal ein wolliges Lamm sehen und feststellen, daß Sie nicht gerade scharf auf Schafe sind; also versuchen Sie es noch einmal und versuchen, ein silbernes Kreuz zu bekommen, was Sie vorziehen würden.

Vielleicht ist der Schafhirte Ihr Archetyp, und je früher Sie sich damit abfinden und aufhören, dem priesterlichen Archetyp hinterherzujagen, umso besser.

WENN SIE IHRE WAHRE SEELE ODER IHR PERSÖNLICHES SYMBOL KENNENGELERNT HABEN, BEHALTEN SIE ES ZUR SICHERHEIT IMMER IN ERINNERUNG, DENN ES VERBINDET SIE MIT IHRER GRUPPENSEELE. STELLEN SIE ES SICH VOR, WENN SIE ZU BETT GEHEN, WENN SIE ANGST HABEN ODER MÜDE SIND, UNDSOWEITER. DAS NÄCHSTE SYMBOL, DAS SIE KENNENLERNEN MÜSSEN, IST IHR GOTTESSYMBOL, WAS ZUSÄTZLICHEN SCHUTZ FÜR SIE BEDEUTET, WEIL ES IHR EIGENES PERSÖNLICHES BINDEGLIED ZUR ZENTRALEN KRAFT DES UNIVERSUMS VERKÖRPERT, OB SIE DAS NUN GOTT, DAS LETZTE, DEN ZENTRALEN PUNKT IN DER ZEIT ODER SONSTWIE NENNEN. IHR PERSÖNLICHES SYMBOL IST DER GÖTTLICHE FUNKE, DER EINZIGARTIG FÜR SIE IST. IHR GOTTESSYMBOL IST DAS BINDEGLIED ZWISCHEN DIESEM FUNKEN UND DEM GANZEN FEUER DES SCHÖPFERS.

Ihr Gottessymbol: Jedermann hat ein Gottessymbol oder einen geheiligten Archetypus. Sie können ihn aber wohl mit anderen Mitgliedern Ihrer Gruppenseele teilen. Das hängt von dem Entwicklungsstrom oder Impuls ab, der Sie hervorgebracht hat.

Die Methode: Nachdem Sie sich mit Ihrem eigenen persönlichen Symbol vollkommen vertraut gemacht haben, entspannen Sie sich in einer meditativen Haltung und stellen sich Ihr persönliches Symbol so stark Sie können vor. Vergrößern Sie es vor Ihrem geistigen Auge, bis es so groß wird, daß Sie darin sitzen können: Wenn es ein Baum ist, könnten Sie sich in seine Zweige hocken; handelt es sich um einen Schwan, sitzen Sie auf seinem Rücken; bei einem Stern könnten Sie rittlings auf den Spitzen sitzen; ein kleines Kind können Sie dicht an sich halten; undsoweiter. Warten Sie, bis Sie sich in Ihrer Stellung ganz sicher fühlen, und gehen Sie dann folgendermaßen weiter vor: FANGEN SIE DAMIT AN, DAS SYMBOL IM UHRZEIGER-

SINN DREHEN ZU LASSEN, ZUERST LANGSAM, ABER DANN IMMER SCHNELLER WERDEND, BIS SIE WIRBELN.

Schließen Sie Ihr geistiges Auge, damit Ihnen nicht schwindlig wird. Sie werden feststellen, daß Sie dem ganzen Prozeß einen kleinen Stoß versetzen müssen, damit es anfängt, obwohl es Menschen gibt, die das versucht haben und sich mit einem Minimum an geistiger Anstrengung sofort in eine wirbelnde Bewegung versetzt haben. Es ist unwichtig, wie lange es dauert, denn das ist von Individuum zu Individuum verschieden. Ein, zwei Sekunden lang werden Sie wirbeln, dann werden Sie langsamer und schließlich halten Sie an. Sie landen so tatsächlich irgendwo in der ‹äußeren Zeitdimension›. Sie können sich dann im Geiste umschauen, und das Erste, was Sie sehen, wird Ihr Archetypus sein, der Sie begrüßt oder Ihnen einen Hinweis gibt.

Sie könnten sich, zum Beispiel, wenn Sie Ihr geistiges Auge öffnen, auf einer saftigen Wiese wiederfinden, auf der eine Dame in blauem Gewand und mit einem Blumenkranz Sie begrüßen kommt. Sie könnte den Blumenkranz von ihrem Kopf nehmen und Ihnen schenken. Das wäre dann Ihr Gottessymbol. BEACHTEN SIE AUCH DIE NATUR DES WESENS, DAS SIE BEGRÜSST: IHREN RICHTLINIEN GEMÄSS KÖNNTE ES EIN GOTT ODER EINE GÖTTIN ODER SOGAR EINE MUTTER, EIN VATER ODER EINE ONKELGESTALT SEIN, aber tatsächlich verkörpert es DIE ANDERE HÄLFTE IHRER NATÜRLICHEN SPIRITUELLEN POLARITÄT, je nachdem also *anima/animus* oder aktiv/passiv. Ihre spirituelle Polarität hat keinen Einfluß auf das Geschlecht, als das Sie ins Leben treten, denn beide Prinzipien können in männlichen wie weiblichen Körpern ausgedrückt werden.

Nachdem Sie jetzt Ihr PERSÖNLICHES SYMBOL und Ihr GOTTESSYMBOL festgesetzt haben, benutzen Sie immer beide, wenn Sie geistige oder spirituelle Arbeit leisten, besonders in anderen Zeitzonen (Vergangenheit, Zukunft, undsoweiter), DA DIES IHRE SICHERHEITSVORSCHRIFTEN SIND, DIE IHNEN EINE SICHERE REISE DURCH DIE UNVER-

TRAUTEN BEREICHE VERÄNDERTER BEWUSSTSEINSZUSTÄNDE GARANTIEREN. Das eine verbindet Sie mit Ihrer Gruppenseele, das andere mit Ihrer Quelle. Diese beiden Disziplinen sind speziell für jene geschaffen worden, die keinen besonderen Glauben oder eine religiöse Zugehörigkeit haben, und sie sind ebenso wirksam — wenn in manchen Fällen nicht sogar stärker —, wie die sogenannten ‹Sicherheitspässe›, die von Religionen, psychischen Organisationen und Gurus ausgegeben werden.

Individueller Schutz

Viele Leute arbeiten nicht gern in einer Gruppe oder mit anderen, sondern ziehen es vor, auf eigene Faust zu studieren, zu meditieren und sich weiterzuentwickeln. Es gibt bei allem ein Für und Wider, und die geistige Entwicklung bildet da keine Ausnahme. Der einsame Schüler könnte sich in Schwierigkeiten sehen, wenn eine Arbeit, eine Meditation oder ein geistiger Versuch fehlschlägt, und es gibt nichts Tröstlicheres als die Nähe von jemandem, der sich auskennt, mit unerwünschten Einflüssen umgehen und nach einem psychischen Purzelbaum die Aura wieder herstellen kann. Wenn man allein arbeitet, ist aber auch die Wahrscheinlichkeit geringer, auf ungünstige Einflüsse von anderen zu stoßen, die durch Stimmungen, falsches Denken oder negative Emotionen ausgelöst werden können. Der Einzelne kann sich allein entwickeln, aber er muß auch bereit sein, für seine Entscheidungen einzustehen und seine eigenen Probleme zu erkennen, denn der Weg innerer Entwicklung ist NIEMALS vollkommen frei von Schwierigkeiten, und gerade durch den Umgang mit diesen Schwierigkeiten lernt der Schüler und macht Fortschritte.

Nachdem man beschlossen hat, allein zu arbeiten, müssen dieselben Vorsichtsmaßnahmen ergriffen werden wie auch dann, wenn man in der Gruppe ist, nur muß man sich seines Vorgehens absolut sicher sein, nachdem man es sich ausgesucht hat, die Verantwortung für sich selbst zu übernehmen. Schutz kann auf eine von zwei Arten erzielt werden: (a) durch disziplinierte Gedankengänge; und (b) durch die Anwendung von Schutzritualen. Lassen Sie uns zuerst (a) untersuchen.

Es ist eine allgemein bekannte Tatsache, daß wir nur einen kleinen Teil unseres Gehirns benutzen. Aber unser Gehirn ist kaum mehr als ein Computer, der die Informationen, die unser Geist ihm eingibt, überprüft und dechiffriert. Verwirrung entsteht häufig dadurch, daß wir von Gehirn, Verstand, Geist, Unterbewußtsein sprechen. Deshalb wird es an diesem Punkt nötig, die Dinge näher zu bestimmen.

Neuere Untersuchungen über das menschliche Gehirn haben seine computer-ähnliche Natur bestätigt; die linke Hälfte befaßt sich mit der ‹inneren Zeit› und den praktischen und weltlichen Aspekten unseres Lebens, und die rechte Hälfte mit der Vorstellungskraft, Kreativität und ‹äußeren Zeit›, wie wir es bereits besprochen haben. Einige Wissenschaftler sind der Meinung, daß wir darüberhinaus keinen ‹Geist› oder Verstand mehr haben, sondern uns nur von unserem physischen Hirn motivieren lassen. Diese Lehre ist als ‹Monismus› bekannt, während jene Forscher, die sich der Theorie verschreiben, daß das Gehirn nichts weiter als das Werkzeug einer abstrakten, nichtkörperlichen Intelligenz (Geist) sei, ‹Dualisten› genannt werden.

Experimente haben gezeigt, wie die beiden Halbkugeln des Gehirns unabhängig voneinander funktionieren können, aber die Versuche haben auch nachgewiesen, daß der Mensch ‹denken› kann, ohne daß die Schrauben und Muttern seines Gehirns vollkommen funktionstüchtig oder überhaupt vorhanden sein müssen. Der Okkultist vertritt natürlich die Theorie des Dualismus; er glaubt, daß der Verstand der bewußte Ausdruck der Seele oder des Geistigen ist, jener Intelligenz, die Informationen aufnimmt, beobachtet, aus Erfahrung lernt und all das dem spirituellen Ganzen hinzufügt; der Geist ist das wahre SIE, dieses Fragment Ihrer Gruppenseele, das exklusiv und einzigartig ist, aber gleichzeitig auch ein ergänzender Teil oder Funken des unendlichen Feuers oder der Macht der Schöpfung.

Der Begriff ‹unterbewußter Verstand› ist einer von vielen, die durch die moderne Psychiatrie bekannt geworden sind, und wahrscheinlich bezieht er sich auf die instinktive Vorstellungskraft, so, wie sie von der rechten Gehirnhälfte dechiffriert wird. Für gewöhnlich wird er mit der ‹äußeren Zeit› assoziiert; daher das hypnotherapeutische Wühlen in der Kindheit. Analytiker lieben es, weil sie hoffen, dadurch bei ihren Patienten den richtigen Hebel für eine erfolgreiche Abreaktion umzulegen. Aber da sich die Psychiatrie und die Medizin weiter entwickeln, wird dieser Begriff zweifellos in den Archiven der Anhänger von Freud oder Jung enden, zusammen mit ‹überbewußt›, ‹Libido› und einer ganzen Reihe ähnlicher Worte, die im Laufe der letzten Jahrzehnte auf dem Gebiet der Psychiatrie alltäglich geworden sind.

KAPITEL
5

Verstand über Materie

Techniken, die den älteren Zivilisationen über Jahrhunderte hinweg bekannt waren, wurden eingesetzt, um die Herrschaft des Verstandes über die Materie zu erwirken. Diese lassen sich unter den mystischen Praktiken Indiens, Tibets und anderer Länder des Fernen Ostens ebenso finden wie in den Religionen des Nahen Ostens oder im christlichen Mystizismus. In unserer Zeit kommt ihnen das Biofeedback gleich, die Fähigkeit mancher Menschen, die atomare Struktur von Metallen zu verändern und Gegenstände kraft ihrer geistigen Konzentration zu bewegen. Diese Techniken sind sowohl in der Sowjetunion als auch im Westen mit erstaunlichen Ergebnissen untersucht worden. Uns fehlt hier der Platz, das verfügbare Beweismaterial zu überprüfen, denn unser Hauptanliegen ist die Kraft des Verstandes als Schutzschild.

Jeder Handlung geht ein Gedanke voraus, und das alte Axiom ‹wie oben, so unten› ist nie wahrer als dort, wo es um metaphysische Angelegenheiten geht. Wenn man also auf einer Ebene tätig ist, auf der der Gedanke das *primum mobile* darstellt, muß man doch gewiß eben diese Kraft einsetzen, um ihren Einflußbereich erfolgreich anzugehen? Deshalb kann die Aura durch Verstandeskraft kontrolliert werden. Mit anderen Worten, Sie können Ihre Aura ‹zu-› und ‹aufdenken›, können ihr durch Gedanken diese oder jene Farbe geben undsoweiter. Eine logische Folge, die natürlich mit dem Thema der Selbstheilung eng verbunden ist.

Aber nur wenige von uns haben einen Verstand, der diszipliniert genug ist, daß er mit so weit fortgeschrittenen Dingen fertig wird. Es ist also das Beste, mit einfachen Prozessen anzufangen. Dem Individuum, das sich anschickt, allein eine psychische Studie oder ein Experiment durchzuführen, rate ich deshalb, sich mittels der Techniken der Vergegenwärtigung zu schützen. Das kann damit anfangen, daß man eine Aura errichtet, es folgt dann ein Gedankenschutz, der sich weit über die nächste Umgebung des Körpers hinaus erstreckt. Ich habe bereits erklärt, wie man eine geschlossene und geschützte Aura erwirkt. Dieselbe Technik kann angewandt werden, um einen Raum zu bedecken und zu schützen. Einige Praktiker haben gerne einen besonderen Raum zur Meditation oder Entwicklung. Das ist schön und gut, wenn man ihn hat, aber — nachdem Wohnraum heutzutage teuer ist — gibt es viele, die gezwungen sind, in einem Raum zu essen, wohnen, schlafen und ihre mystische Tätigkeit auszuüben. Die Nummer Eins auf der Liste heißt also, den Raum von allen unerwünschten Vibrationen freizumachen.

Sitzen Sie bequem, errichten Sie Ihre geistige Aura, rufen Sie die geistigen Bilder entsprechend Ihrem Glauben hervor, das heißt also religiös, okkult oder kosmisch. Dann stellen Sie sich einen Strahl reinen Lichts vor, der aus Ihrem Schutzsymbol aufsteigt und langsam rund um das Zimmer läuft. Arbeiten Sie dabei immer im Uhrzeigersinn *(deoshins),* senden Sie Ihren Lichtstrahl solange herum, bis jede Ecke erfüllt worden ist, und vergessen Sie auch jene Bereiche direkt über oder unter Ihnen im Raum nicht. Manche Menschen stellen sich lieber vor, ihr Raum wäre von einer Art schützender Schale umgeben, durch die sie das jenseits liegende Universum beäugen können, die sie aber gleichzeitig vor den weniger wünschenswerten Einflüssen schützt.

So weit, so gut. Wir haben uns entspannt, haben unsere Schutzsymbole beschworen, uns um unsere eigene Aura gekümmert und den Raum unserer Operation gereinigt. Nun können wir uns anschicken, das auszuführen, was wir im Sinn haben, was immer es ist. Aber was geschieht, wenn etwas schiefgeht?

Es ist bekannt, daß böse Einflüsse selbst die sorgfältigsten Verteidigungsmechanismen durchdrungen haben. Wie geht man also mit dem plötzlichen Eindringen einer sehr unbequemen Ausstrahlung um? Als erstes muß man unverzüglich zu einem normalen Bewußtseinszustand zurückkehren oder, wie mein Lehrer in jenen Tagen zu mir zu sagen pflegte, als es noch nicht üblich war, die Sprache der Parapsychologie zu verwenden: ‹Kehre in deinen Körper zurück› .

Erden Sie gründlich, reinigen Sie die Atmosphäre, verwenden Sie dabei erneut die Technik mit dem Lichtstrahl, und SCHLIESSEN SIE IHRE AURA. Tatsächlich sollte die Aura nach jeglicher Art von Tätigkeit überprüft und geschlossen werden, und das schließt ALLE Ausflüge in veränderte Bewußtseinszustände in jeder Therapie ein. Die zu schnelle Rückkehr in den bewußten Zustand kann den Patienten oder das angehende Medium benommen zurücklassen, unfähig, sich zu konzentrieren, und mit einer Menge von dem, was locker als ‹Rückzugs-Symptome› beschrieben werden kann. Dasselbe gilt, wenn man plötzlich durch ein fremdes Geräusch aus dem Schlaf gerissen wird. Die meisten meiner Leser werden diesen myoklonischen Krampf kennen, dieses plötzliche Zusammenzucken des Körpers, wenn er gestört wird, eine Erfahrung, die häufig von einem Traum begleitet wird, in dem man fällt oder eine Treppe hinabgeht und eine Stufe verfehlt!

Wenn Sie sich, nachdem Sie Ihre Aura geschlossen, den Raum gereinigt und alles getan haben, was Sie können, immer noch unwohl fühlen, können Sie eine höhere Macht anrufen (die wiederum von Ihrem individuellen Glauben abhängt), oder die Hilfe eines Menschen suchen, der auf dem Gebiet des Okkulten bereits weiter fortgeschritten ist, sollte das Phänomen anhalten. Wie ich bereits erklärte, hängt es davon ab, auf welcher Ebene Sie tätig werden, welchen fremden Mächten Sie möglicherweise begegnen. Überschreiten Sie zu keinem Zeitpunkt Ihre Grenzen, dann werden Sie es leicht finden, allein fertigzuwerden.

Es ist möglich, Gedankenformen mit Hilfe der Macht des Verstandes zu schöpfen und aufzulösen, aber solche Praktiken sind nur für diejenigen anwendbar, die den okkulten oder magischen Weg gründlich studiert haben; der Anfänger oder Alleinarbeitende auf unteren Ebenen sollte nicht daran herumpfuschen.

Da wir gerade beim Herumpfuschen sind, was ist mit jenen überaus beliebten Experimenten mit Ouija-Brettern, Planchetten und Gläsern auf Tischen, zu denen sich Anfänger scheinbar immer hingezogen fühlen? Ich werde oft gefragt, welche Art von Macht bei diesen Sitzungen in Kraft tritt. Das hängt sehr von den Anwesenden ab. Wenn einer der Teilnehmer ein natürliches Medium ist, dann kann das Instrument von Energien bewegt werden, die von einem Führer oder einer interessierten körperlosen Einheit durch ihn übermittelt werden. Genauso kann aber auch eine psychokinetische Energie erzeugt werden, die unbewußt vom Geist eines Anwesenden manipuliert werden kann. Oder ein boshafter unentwickelter Geist, vielleicht sogar ein Elementargeist, kann an dem Spiel teilhaben und die Macht so lenken, daß Ärger entsteht, Angst und Schrecken aufkommen. Experimente dieser Art erzeugen häufig Nachwirkungen an dem Ort, an dem sie stattgefunden haben, wenn sie von Personen durchgeführt werden, die nicht mit dem Kosmos, oder der ‹äußeren Zeitdimension› vertraut sind. Eine enge Freundin von mir bemerkte alle möglichen sonderbaren Phänomene in ihrem Heim, und zwar ein paar Wochen lang, nachdem sie die Technik mit dem Glas ausprobiert hatte. Wenn man sich auf Intelligenzen oder Energien aus unsichtbaren Dimensionen einstellt oder sie anzuziehen versucht, sollten immer Sicherheitsvorkehrungen oder adäquate Vorsichtsmaßnahmen ergriffen werden, und kein Fall ist so unbedeutend, daß diese Regel an Gültigkeit verlieren würde. In neunundneunzig Prozent der Fälle gibt es vielleicht keine schlechten Auswirkungen, und doch sind da die anderen Fälle, in denen der Störfaktor außer Kontrolle gerät.

Schutz durch Ritual

Es gibt viele Menschen, die sich viel sicherer fühlen, wenn sie irgendeine Form von Ritual vornehmen. Tatsächlich ist das psychologische Bedürfnis für ein Andachtsventil von Psychiatern und Studenten der Metaphysik gleichermaßen bemerkt worden. Es scheint so, als hätte jeder von uns ein gewisses religiöses Potential in sich; wie wir das auszudrücken wählen variiert, je nach unserer persönlichen Entwicklung und den Erfahrungen der Gruppenseele. Rituale können eine emotionale Atmosphäre heraufbeschwören, die Gefühle der Frömmigkeit erzeugt.

Die Wirksamkeit all dessen hängt stark vom Glauben und der Ernsthaftigkeit all jener ab, die das System anwenden. Der ernsthaft Glaubende wird sich automatisch auf die kollektive Gedankenkraft jener Religion einstellen, der er anhängt, was ihm einen großen Vorrat an Macht zugänglich macht. Aber wenngleich das alles sehr nett und sicher klingen mag und uns häufig ein Gefühl mystischer Erfüllung übermittelt, sollten wir doch nicht vergessen, daß die Macht AUF DIESE BESTIMMTE MANIFESTATION DES GLAUBENS BESCHRÄNKT ist und letzten Endes nichts bietet, was dem Kraftvorrat entspricht, der jenen zugänglich ist, die bereit sind, sich nicht länger nur mehr mitziehen zu lassen, sondern direkt in die zeitlosen Zonen des Kosmos einzutreten.

Religiöse und okkulte Systeme sind in der Vergangenheit gewöhnlich zu einer Zeit in Erscheinung getreten, da es in der Evolution unseres Planeten nötig wurde, den Verstand des Menschen in diese oder jene Form spiritueller Disziplin zu lenken.

Deshalb tragen sie den Stempel oder das Markenzeichen des Zeitalters, in dem sie sich zuerst manifestiert haben. Doch nun sind wir ins Wassermann-Zeitalter eingetreten, das Zeitalter der individuellen Verantwortlichkeit. Wenn es also auch gut sein mag, die Schulbücher als Basis zu verwenden, und sei es nur, weil ihr System zu Verständigungszwecken ausreicht, am Ende müssen wir die Schule doch verlassen und unsere Stellung als

Bürger des Kosmos begreifen, nicht einfach nur als Bewohner dieser Erde.

Diejenigen, die rituelle Methoden zum Schutz ergreifen möchten, sollten ein gutes Lehrbuch auswählen, das sich speziell mit diesem besonderen System ihrer Wahl befaßt. Ein Rat an dieser Stelle: VERMISCHEN SIE KEINE SYSTEME MITEINANDER. Es gibt solche Dinge wie Strahlen und Gegenstrahlen (mit denen ich mich in Kürze befassen werde), und wenn Sie Energien beschwören, die nicht vereinbar sind, dann ist es möglich, daß es für Sie mit psychologischen Problemen endet, wenn nicht noch dazu mit materiellen!

Für den durchschnittlichen Bewohner des Westens handelt es sich bei der Kabbala um ein erprobtes und bewährtes traditionelles System, und ich habe die griechischen Traditionen immer sicher und leicht zu handhaben gefunden. Das ägyptische System dagegen nicht immer. Dieses System kann einigen Menschen heftig widerstreben, aber für diejenigen, die es beherrschen, läßt sich reiches Wissen und Weisheit daraus schöpfen. Die nordische Magie eignet sich ausgezeichnet für die Erdverbundeneren unter uns, und die Lehre der Hermetiker wird dem Intellektuellen entsprechen. Der Pantheismus kann behaglich und trostreich sein, solange seine Anhänger vollkommen mit den Funktionen des Muladhara Chakra vertraut sind und wissen, was zu tun ist, wenn das Kundalini an diesem Knotenpunkt hängenbleibt.

Doch wenn es um die östlichen Systeme geht, die in letzter Zeit so beliebt geworden sind, dann gibt es Gefahren. Die Bewohner der westlichen Welt haben es gelernt, sich dem Leben aktiver und praktischer zu nähern, und die Passivität einiger östlicher mystischer Annäherungen kann dazu führen, den westlichen Menschen aus dem Gleichgewicht zu bringen und ihn aus dem Gleichschritt mit der Welt um ihn her zu reißen, wenn er nicht aufpaßt. Einige von Ihnen können jetzt zwar argumentieren, daß das nicht so schlimm ist, aber wenn Sie viele Jahre lang mit Geisteskranken zu tun hatten, so wie ich, dann werden Sie erkennen, daß es psychische Anspannungen erzeugt, wenn man nicht in Harmonie mit den anderen Fragmenten seiner Gruppenseele und mit seinen kosmischen Ursprüngen ist, und daß dies weder das Glück noch das Gleichgewicht fördert, weder im alltäglichen Leben noch auf der spirituellen Suche.

Geistige und okkulte Experimentierende denken oft, es wäre schlau, an einem Abend ein System ‹auszuprobieren› und am nächsten Abend ein anderes. Ein Strahl kann einen anderen auslöschen, Energien können erzeugt werden, die sich als unlenkbar erweisen könnten. Wenn Sie also eine Veränderung wünschen, dann vollziehen Sie einen kompletten Bruch. Errichten Sie Ihren Drudenfuß mit den angemessenen kabbalistischen Schutzsymbolen, wenn Sie ernsthaft glauben, daß das hilft. Aber sollten Sie sich bei dieser Methode langweilen und sich etwas anderes wünschen, dann stürzen Sie sich nicht sofort in das ägyptische System, denn diese beiden sind *nicht* miteinander vereinbar. Gehen Sie weiter zum Pantheismus, zur keltischen Magie oder sogar zum christlichen Mystizismus. Schlagen Sie nur nicht einen tibetanischen Kurs ein und vermischen ihn mit Kruzifix und dem Schmuck des westlichen Christentums; wie Öl und Wasser vermischen sie sich nicht. Gehen Sie langsam voran durch jede Methode, und wenn Sie schon wechseln müssen, verwenden Sie ein gutes System zur Überbrückung, wie den Okkultismus aus Atlantis, der einen Punkt bietet, an dem sich östliche und westliche Traditionen begegnen.

Schutz für die Gruppe

Gruppenführer, die die Verantwortung für die Entwicklung und psychische Sicherheit anderer annehmen, sollten besonders vorsichtig sein, da sie in das Karma-Muster im Leben ihrer Schützlinge eingreifen. Ein unerfahrener Gruppenleiter kann unsagbares Leid anrichten, wenn er die seiner Obhut Unterstehenden auf unvertraute geistige Territorien führt, mit denen sie nicht zurecht kommen. Darüberhinaus fehlt diesen Führern die Erfahrung oder das Wissen, ihre Schüler wieder in ihre richtigen kosmischen Bereiche zurückzuversetzen. Körperliche und geistige Krankheiten können das Ergebnis eines Herumpfuschens in veränderten Bewußtseinszuständen sein, wenn man nicht weiß, wie man auf die Erde zurückkehrt. Also Ihr, die Ihr Euch als angehende Gurus seht, hütet Euch vor dem Rad des Karmas.

Wenn es um den Schutz der Gruppe geht, finden fast dieselben Verfahren Anwendung wie beim Individuum, abgesehen davon, daß der Leiter den Schutz des Versammlungsorts erwirken und außerdem seine Anhänger überprüfen muß. Am Ende einer Sitzung sollte er sich vergewissern, daß jeder, für den er verantwortlich ist, wieder zurückgekehrt ist, eine geschlossene Aura besitzt und auch keine unerwünschten ‹Anhängsel an seiner Aura›, Gedankenformen oder unwillkommene Wesen im Laufe des Prozesses erworben hat. Der beste Weg besteht offensichtlich darin, die Teilnehmer anzuweisen, diese Disziplinen selbst zu vollziehen.

Einige Gruppenleiter arbeiten gern mit Hilfe von Gebeten oder Mantras, und besonders in Meditationskreisen kann das ausgesprochen effektiv sein und eine harmonische Atmosphäre schaffen. Aber vergessen Sie nie, schwierige Energien sollten niemals heraufbeschworen werden, außer sie werden auf irgendeine Weise gebraucht, denn sonst könnte ein Mitglied der Gruppe, das über ASW (außersinnliche Wahrnehmung) verfügt, in einen Strudel von Macht hineingesogen werden, und das Ergebnis könnte schlimmer sein als nur eine schlaflose Nacht! Alle erzeugten Energien MÜSSEN eingebunden werden. Wenn Ihre Gruppe unsicher ist, was sie mit der Konstruktion der Energie machen soll, dann ist das ‹Heil-Machen› immer ein gutes und ethisches Ventil, denn Frieden und Harmonie für den Planeten als Ganzes haben im spirituellen Bereich den absoluten Vorrang. Es hängt natürlich alles davon ab, was Ihre Gruppe vorhat. Manche möchten vielleicht mittels ihrer gebündelten Gedankenkraft Tieren, der Umwelt, den elementaren Regionen, kranken oder unwissenden Menschen helfen oder eine Vielfalt von soziologischen Problemen ausräumen. Das Ziel, lieber Gruppenleiter, ist Ihre Sache, so, wie es dem allein arbeitenden Individuum überlassen bleibt, sich sein eigenes zu wählen. Ich kann nicht wie der Papst über die Ethik einer Angelegenheit entscheiden. Ich kann nur raten, daß sie selbstlos und konstruktiv sein sollte, im Einklang mit den vorwärts gerichteten Impulsen des kosmischen Gesetzes.

Die üblichen Meditationsübungen für das Körperbewußtsein sind ausgezeichnet, sowohl zur Entspannung vor dem Wirken als auch zum Zurückfinden, wenn man damit fertig ist. Für diejenigen, die mit der Technik nicht vertraut sind: sie besteht darin, in entspannter Haltung zu sitzen und, mit den Zehen anfangend, diese anzuspannen und wieder locker zu lassen, dann die Knöchel, die Waden, Knie, Schenkel, Bauch undsoweiter, bis hinauf zum Kopf. Am Ende hilft es einem Menschen, wieder ‹zur Erde zurückzukehren›, wenn er sich aller Teile seines Körpers und der vollfunktionsfähigen Prozesse des motorischen Nervensystems noch einmal bewußt werden kann.

Viele Menschen leiden nach der Meditation oder psychischer Arbeit an einem Gefühl von Bewußtseinsspaltung. Gruppenleiter sollten niemals jemandem erlauben, in diesem Zustand davonzugehen. Ein warmes Getränk, Unterhaltung und ein gründliches Aufrichten der Aura tragen dazu bei, die Dinge wieder zurechtzurücken. Es werden die Sensitiveren in der Gruppe sein, die diesem Zustand ausgeliefert sind, aber es gibt eine feine Grenze zwischen geistiger Instabilität und psychischer Wahrnehmung, mit der ich mich noch ausführlich befassen werde.

KAPITEL
6

Psychische Angriffe

Meditation ist heutzutage schrecklich ‹in›. Man erzählt uns, daß das Alphawellen-Muster, das durch meditative Praktiken gefördert wird, überaus wohltuend ist, sowohl geistig wie auch körperlich, und daß wir deshalb jeden Tag eine bestimmte Zeit in Meditation verbringen sollten. Es gibt viele Formen der Meditation, die aber meiner Meinung nach nicht alle für Menschen der westlichen Kulturkreise geeignet sind.

Es kann vollkommen sicher sein, allein zu meditieren, solange das betreffende Individuum seine ‹Verkehrsordnung› kennt. Mit anderen Worten, es gelten dieselben Regeln wie auch bei jenen, die auf eigene Faust geistige oder okkulte Forschungen betreiben. Aber es gibt viele, die sich wohler fühlen, wenn sie in einer Gruppe meditieren können.

Vor einigen Monaten wurde ich gebeten, eine solche Gruppenmeditation anläßlich einer großen Veranstaltung in London zu leiten. Die Leute bezahlten ein kleines Eintrittsgeld, und dann ging man einfach so vor, daß der Saal immer von neuem gefüllt wurde und diejenigen, die nicht mehr hineinpaßten, auf die nächste Sitzung warteten. So sah ich mich einem verschiedenartigen Publikum gegenüber; einige waren erfahrene Meditierende und Studenten okkulter Angelegenheiten, andere waren einfach nur gekommen, um zu sehen, worum es hier ging. Schwierig, aber nicht unüberwindlich.

Es ist möglich, eine Meditation zu leiten, die für eine gemischte Gruppe sicher ist. Das wird einfach durch den Gebrauch von archetypischen Schutzsymbolen erreicht, die jedes Individuum in die korrekte psychische Schublade einordnen kann. Ich benutzte die *Stell Dir vor*-Technik (erschienen im SPHINX-Verlag, Anm. d. Übers.), behielt aber alle gut im Auge, einfach um sicherzugehen, daß niemand Schwierigkeiten bekam. Einige verfielen ziemlich tief in Trance, während andere geistig wacher waren, und nachdem ich die Sitzung aufgelöst und alle wieder zur Erde zurückgeholt hatte, gab es ein oder zwei, die Hilfe benötigten, um wieder den Zustand vollen Bewußtseins zu erlangen. Ich zog ihre Aura ein und versiegelte sie, sodaß es keine Nebenwirkungen gab, als sie den Raum verließen. Aber ich habe schon oft davon gehört, daß das nicht gemacht wurde, einfach, weil der Gruppenleiter nicht über das ‹know-how› verfügte. Als Folge davon blieben ein oder zwei der besonders sensitiven Menschen in einem benommenen Zustand und mit weit geöffneter Aura zurück.

Eine offene Aura kann alle Arten von Einflüssen anziehen, so, wie eine Kerze die Motten, und wenn ein geistiges Ungleichgewicht daraus resultiert, dann kann der Allgemeinarzt oder Psychiater, bei dem der Fall schließlich endet, seine Behauptung gerechtfertigt finden, daß alle mystischen Praktiken dem geistigen Streß oder dem Verfall der Psyche dienlich sind. Ich wende mich also an diejenigen unter Ihnen, die die Verantwortung übernehmen, offene Meditationen zu leiten, mit der Bitte: VERGEWISSERN Sie sich, daß die vertrauensvollen Leute, die sich unter Ihren Schutz begeben haben, nicht im Stich gelassen werden.

Drogen und künstliche Stimulantia

Geistige, okkulte oder meditative Tätigkeiten sollten niemals vorgenommen werden, solange man unter dem Einfluß eines künstlichen Stimulans steht. Während dieser Trips ist das Bewußtsein gezwungen, sich sozusagen seitlich zu öffnen. Der Experimentierende nimmt in Wirklichkeit nichts auf, was nicht bereits von seinem System erfaßt worden ist. Brillante Farben, hübsche Landschaften, Visionen von Buddha, Christus, Engeln, Raumfahrern, all das sind vertraute Bezugspunkte in der Geschichte des menschlichen Bewußtseins. Wenn etwas erlebt wird, für das dem Unterbewußtsein ein Ausdruck fehlt, tritt möglicherweise ein abstraktes Symbol an die Oberfläche. Was aber viele nicht erkennen, die auf einen Trip gehen, ist die Tatsache, daß sie mit ein wenig geistiger Disziplin und der korrekten Schulung — kostenlos — jeden der psychedelischen Zustände erleben können, die ihnen ein guter LSD-Trip bietet, und darüberhinaus noch viele Wunder des Universums — und gleichzeitig üben sie eine positive Kontrolle über die schlechten Trips aus!

Gewisse Drogen schädigen tatsächlich Gehirnzellen, und wie jeder Okkultist weiß, ist es für den Geist oder die Seele schwierig, über schadhafte physische Mechanismen zu funktionieren. Man kann es vielleicht mit dem Verlust eines Fingers oder einer Zehe vergleichen; das Gleichgewicht des Körpers wird gestört und ein paar neue Muskeln müssen ins Spiel gebracht werden, damit die normale Funktion wieder hergestellt werden kann. Ein Gehirn, das verletzt oder chirurgisch verändert worden ist, kann das in gewissem Maße kompensieren, wie neueste Experimente auf dem Gebiet der Gehirnchirurgie gezeigt haben, aber es kommt ein Punkt, an dem die ‹Ko-ordination› beeinträchtigt und die Art klaren Denkens, wie sie für die metaphysische Arbeit notwendig ist, für den Geschädigten nicht mehr erreichbar ist.

Abgesehen von der Möglichkeit, Horrortrips zu verursachen sind künstliche Stimulantia, von Aufputschtabletten bis zum Alkohol, nicht gut für geistige, okkulte oder mystische Tätigkeiten. Studien, die unter dieser Bedingung betrieben worden sind, machen häufig eine leicht verzerrte Ansicht deutlich, die als Basis für eine ernsthafte und der spirituellen Ethik gemäße okkulte Entwicklung nicht geeignet ist. Es kümmert mich wenig, wem ich hier auf die Zehen trete, denn mein Gewissen schreibt mir vor, daß dies deutlich gesagt werden muß.

Wenn wir uns schon mit dem Thema der geistigen Selbstverteidigung befassen, wo die Gefahren aus Quellen herrühren können, die nicht unbedingt offensichtlich okkult sein müssen, wie steht es mit der unbewußten Projektion? Man hat mir zu verstehen gegeben, daß es Popgruppen gibt, die in ihren Songs Botschaften rückwärts singen, um den Verstand der Menschen zu beeinflussen. Der Text klingt ganz normal, wenn man ihn bewußt hört, aber rückwärts gespielt hat er düstere Botschaften zum Inhalt und Instruktionen, die das Unterbewußtsein (oder die rechte Gehirnhälfte) dechiffrieren kann und nach denen es handelt, ohne zu verstehen, warum. Das ist weit mehr ‹schwarze Magie› im wahrsten Sinne als ein paar Volkstänze aus sexueller Frustration rund um einen großen Kessel in der Mittsommernacht.

Der Leser sollte im Auge behalten, daß die Mächte des Bösen sich auch der modernen Wissenschaft bedienen, um ihre bösen Taten zu begehen; es schadet also niemandem, ein paar Vorsichtsmaßnahmen zu beachten.

Was macht einen geistigen Angriff aus?

Wo hört die Einbildung auf und fängt die wirkliche psychische Erfahrung an? Vor ein paar Jahren, als ich mit einer okkulten Heilergruppe zusammenarbeitete, wurde ich gebeten, den Fall einer Dame zu untersuchen, die behauptete, von einer teuflischen Macht besessen zu sein. Es wurde viel Aufhebens um sie gemacht, und sie hieß mich herzlich willkommen mit der Bitte, ‹diesen bösen Geist von mir zu nehmen, der mich veranlaßt, eine so schreckliche Person zu sein›. Nachdem ich sie beruhigt und mir ihr gesprochen hatte, entdeckte ich, daß sie, sobald dieses ‹andere Wesen› von ihr Besitz ergriff, beleidigend zu den Menschen um sie her wurde und ihnen überaus deutlich klarmachte, was sie von ihnen hielt, wobei sie sich in der übelsten Sprache über alles beschwerte, was ihr Mißfallen erregte.

Ich erinnere mich, daß ich über ihr stand und ihre Aura abtastete. Da war nichts! Kein anstößiger Spuk lauerte in der Nähe, kein böses Wesen war zu bemerken, alles, was ich aufnehmen konnte, waren Zeichen von Streß und eine geringfügige geistige Unausgewogenheit. Nach weiteren Fragen dauerte es nicht mehr lange, bis sich herausstellte, daß ich es mit einer Dame zu tun hatte, die ein paar Bücher über Besessenheit gelesen hatte und die Idee für eine gute Entschuldigung hielt, um endlich einmal zu sagen, was sie wirklich dachte, ohne die Verantwortung für ihre Worte oder ihr Tun übernehmen zu müssen. Wenn sie ihre Tante beschimpfen wollte, sich aber nicht traute, war es so einfach, grob zu werden und die Schuld auf einen fiktiven Geist zu schieben; und sie stellte bald fest, daß ein paar gezielte Beleidigungen, dazu in übler Ausdrucksweise, schnellere und wünschenswertere Ergebnisse erzielten, als wenn sie eine ruhige Bitte in ihrer normalen Sprechweise vortrug. Ein unterdrückter Aspekt ihrer selbst war an die Oberfläche gelangt und ein wenig außer Kontrolle geraten, mehr nicht. Ich erklärte es denen, die für sie sorgten, und machte es dann auch ihr auf diplomatische Weise klar. Nachdem sie zuerst zusammengebrochen war, gestand sie, daß sie immer das Gefühl gehabt hatte, ausgenutzt und herumgestoßen zu werden, bis sie den Punkt erreicht hatte, an dem sie einfach nicht mehr konnte. Da war dann das ‹Wesen› in Erscheinung getreten. Zum Glück verschwand es nach diesem Zusammenbruch, um nie wiederzukehren, aber sie lernte es, sich besser durchzusetzen, und ihre Familie erkannte ihrerseits ihre Fehler und kümmerte sich mehr um ihre Bedürfnisse.

Leider ist die Grenze zwischen wirklichen geistigen oder mystischen Erfahrungen und geistiger Krankheit nur sehr schmal. Was die Sache noch schlimmer macht, ist die Tatsache, daß sich die Geisteskranken so oft zum psychisch-geistigen oder okkulten Bereich hingezogen fühlen, für gewöhnlich, weil ihnen das Zusammensein mit anderen, die behaupten, paranormale Erfahrungen zu haben, das Gefühl vermittelt, weniger ‹ausgestoßen› zu sein.

Als ich damit anfing, mich für diese Dinge zu interessieren, wurde ich bei bekannten Londoner Kreisen eingeführt und reihum vorgestellt. Ich war damals Anfang zwanzig und befand mich in der Minderheit mit meiner Altersgruppe. Allein an diesem ersten Abend traten vier verschiedene Leute an mich heran, die mir alle versicherten, streng vertraulich natürlich, daß sie große Meister seien, die inkognito durchs Leben reisten. Weniger beherzte Menschen wären vielleicht geflohen und nie wieder dorthin zurückgekehrt, aber ich ließ mich nicht einschüchtern. Eine sehr enge Mitarbeiterin von mir besuchte dieselbe Organisation und stieß an einem einzigen Abend auf vier ‹Jesus Christus› !

Es ist kaum ein Wunder, daß die Mediziner im allgemeinen die Stirn runzeln über alles, was mystische oder okkulte Dinge auch nur andeutet, wenngleich die Meinungen in letzter Zeit deutlich an Starrheit verloren haben, so, wie das Interesse an ‹alternativer Medizin› , wie man es heute nennt, wächst.

Man kann natürlich argumentieren, daß die geistig Instabilen niemals auf psychisch-geistige Experimente losgelassen werden dürften, aber wer will das verhindern? Und wie sollen wir wissen, wer gehen sollte und wer nicht? Ein Studium des Geburtshoroskops wird uns immer einen guten Hinweis auf die Eignung oder Nicht-Eignung eines Menschen geben. Ein einfaches Horoskop steht nicht für einen guten Okkultisten, denn es neigt dazu, einen Charakter zu produzieren, der Schwierigkeiten haben wird, mit dem unvermeidbaren Streß und den Hindernissen fertig zu werden, denen er am Pfad der Wahrheit unweigerlich begegnen wird. Eine gewisse Menge von Spannung in einem Horoskop ist notwendig, solange sie nicht von einer Art ist, die eine geistige Explosion (oder in manchen Fällen auch eine Implosion) oder eine Form des Rückzugs verursacht, und die Fähigkeit, schnell und sicher zu ‹erden› ist ein ‹Muß› .

Gute Aspekte zum Merkur sichern klares Denken und einen ausgewogenen Verstand; eine gut stehende Venus verleiht die Fähigkeit, mit anderen zu harmonisieren; und auf unheilvolle Konstellationen zwischen Uranus, Neptun und Mond sollte man achten. Eine überaktive Einbildungskraft (Mond) wird häufig mit der medialen Gabe durcheinander gebracht, und der Jammer ist, daß solche Personen sich oft als Hellseher oder Helfer der Gemeinschaft etablieren. Es ist kein Wunder, daß viele Klienten erklären, man hätte ihnen einen Haufen Unsinn erzählt. Irgendwann stößt der mit überreicher Phantasie ausgestattete — aber nicht wirklich medial veranlagte — Mensch vielleicht doch zufällig auf eine Wahrheit, auf die viele hereinfallen können, ehe die wahre Natur sie wieder einholt.

Was also IST ein wirklicher psychisch-geistiger oder okkulter Angriff, und gibt es so etwas tatsächlich? Was als psychisch-geistiger Angriff bezeichnet wird, ist für gewöhnlich ein Augenblick, in dem der Schüler, gleich, ob er nun dem okkulten, geistigen oder mystischen Pfad folgt, auf den Widerstand einer Macht, Energie oder Intelligenz stößt, die entweder nicht auf seiner besonderen Wellenlänge liegt oder tatsächlich gegen die Frequenz seiner Gruppenseele oder Entwicklungsimpulse und damit ‹gegen› ihn ist. Da das Universum aus einer unendlichen Anzahl von Frequenzen in allen nur erdenklichen Permutationen (Zusammenstellungen) besteht, sind die Chancen, daß so etwas irgendwann einmal eintrifft, recht hoch.

Wenn man mit einer fremden Kraft in Kontakt kommt, sei sie nun zufällig unfreundlich (einfach eine Sache von Ausstrahlungen, die sich nicht miteinander verbinden, ohne Hinweis auf böse Absichten), oder definitiv feindselig, das Gesetz der Gleichheiten tritt augenblicklich in Kraft. Ein Kampf der Geister ist die Folge, und der Sieger geht klüger aus dem Treffen hervor, wenn auch mit ein paar Wunden und blauen Flecken, die er lecken muß. Der Besiegte setzt seinen Weg fort und gleicht seine Sicht dem Licht *seiner* Erfahrung an.

Diese Begegnungen mit unverträglichen Kräften oder Energien können jederzeit, Tag und Nacht, und unter allen Umständen stattfinden. Sie sind auch nicht auf die Welt der Erscheinungen beschränkt, denn sie können genauso leicht ihren häßlichen Kopf in Form eines neuen Chefs in der Arbeit erheben, einer boshaften Klatschtante oder einer ungerechten Entscheidung vor Gericht. Manchmal sind die Auswirkungen rein geistiger Natur, aber sie können genausogut auch körperlich sein, können die Gesundheit oder das Einkommen, Wohnung, Arbeit, emotionale Bindungen undsoweiter beeinflussen. WIE man sich ihnen anpaßt, ist der entscheidende Faktor in der weiteren metaphysischen Entwicklung, und es kann nicht schaden, wenn wir im Auge behalten, daß wir nicht alle den ganzen oder auch nur den halben Weg zu dem Ziel zurücklegen können, das wir ursprünglich angestrebt haben. ‹Erkenne Dich selbst› ist sehr wichtig; es bedeutet, daß man seinen Archetypus kennt und somit seinen *modus operandi* der geistigen Abläufe.

Einer der großen Fehler, der so oft von Anfängern auf diesem Gebiet gemacht wird, besteht darin, ganz normalen, alltäglichen Streß okkulten Quellen zuzuschieben. Der Durchschnittsmensch oder der Mann von der Straße — gibt es ein solches Tier? Vielleicht nicht, aber Sie wissen, was ich meine — hat seine Höhen und Tiefen. Am Montag bekommt er Zahnschmerzen, trifft eine Verabredung mit dem Zahnarzt für Dienstag und stellt zu seinem Ärger fest, daß er falsch vorgemerkt wurde. Am Mittwoch genießt er einen vergleichsweise problemlosen Tag, aber am Donnerstag, o je!, fällt der Auspuff von seinem Wagen und der Abfluß ist verstopft. Am Freitag entzweit er sich mit seiner Freundin, am Samstag ‹ertränkt› er seinen Kummer mit den Kumpels, und am Sonntag ruft sein Mädchen an um zu sagen, daß es ihr leid tut. In der folgenden Woche läßt er den Wagen richten, seinen Zahn behandeln, alles ist wieder in bester Ordnung, und schon sehen wir ihn wieder auf dem nächsten von Trivialitäten gepflasterten Weg.

Es gibt eine feine Trennungslinie zwischen dem alltäglichen Druck und okkulten Beeinträchtigungen, und Schüler dieser Lehre sollten begreifen, daß sie nicht vom normalen Fluß der Dinge ausgespaart werden, nur weil sie jenseits der Banalitäten des Alltagslebens etwas suchen. Andererseits werden die Prüfungen in den Bereichen größtmöglicher Verletzlichkeit stattfinden, und wir haben alle unsere Achillesferse.

Ich bin immer äußerst mißtrauisch jenen Studenten des Okkulten gegenüber, die behaupten, vom Blick eines Ausübenden der Schwarzen Magie in der Londoner U-Bahn gelähmt worden zu sein, mit dem Ergebnis, daß sie gräßliche Kopfschmerzen bekamen. Ich nehme an, man könnte wohl tatsächlich in einem öffentlichen Verkehrsmittel auf einen ‹bösen Zauberer› stoßen, aber ich selbst habe diese Erfahrung noch nie gemacht, und dasselbe gilt für viele Menschen, die ich im Laufe der Jahre ausgebildet oder mit denen ich zu tun gehabt habe. Aber wie heißt es doch so schön: Angst ist ein uneingestandener Wunsch ...

Die Menschen gehen Beziehungen ein, verlieben sich, trennen sich, empfangen Kinder (oder auch nicht), ziehen um, erhalten eine gute Stellung oder werden gekündigt, ungeachtet okkulter Vorgänge. All diese Dinge sind Teil der reichhaltigen Muster des Karma, die die Wegweiser unserer Existenz sind. Geistige Krankheit mag für den nicht ausgebildeten, ja, anfänglich selbst für den ausgebildeten Menschen nicht sofort erkennbar sein, aber sorgfältige Beobachtung wird bald dazu führen, daß die Verrückten erkannt werden, und wenn das Streichholz des Wissens nicht in sicherer Entfernung von jedem Loch in der Gasleitung gehalten wird, dann wird es — so sicher wie das Amen in der Kirche — einen großen Knall geben! Und wer sammelt dann die Stücke wieder ein? Für gewöhnlich die Menschen in medizinischen Berufen oder jene, die alternative Therapien praktizieren.

Lieber Schüler (und lieber Lehrer), achten Sie also auf diese kleinen, vielsagenden Zeichen und vergessen Sie nicht, das beste Medium oder der beste Okkultist ist nicht unbedingt der größte Exzentriker, genausowenig wie der fortgeschrittene Schüler ein Banner trägt oder seine Gegenwart anderweitig kundtut; er hat es einfach nicht nötig.

Wissenschaft und Psychismus

Es heißt, daß das Zeitalter des Wassermannes die Zeit ist, in der das mystische Wissen, das früher den Okkultisten und Priestern vorbehalten war, an die Öffentlichkeit gelangt und von der Wissenschaft rational erklärt wird. Es ist als Zusammentreffen von Physik und Metaphysik, von Psychologie und Parapsychologie undsoweiter bezeichnet worden. Ein ganzes Wörterbuch von Begriffen ist in den letzten Jahren zusammengestellt worden, das auch Ausdrücke wie ESP (extrasensory perception: ASW, außersinnliche Wahrnehmung), ASC (altered states of consciousness: veränderte Bewußtseinszustände), OOBE (out-of-the-body experiences: Astralprojektion), Vorherwissen und ähnliches umfaßt, von denen viele heute allgemein gebräuchlich sind, selbst in den geschützten Bastionen des orthodoxen Glaubens.

Die alten gespenstischen Begriffe wie Geister, mediale Gaben, Visionen, Hellsehen, sind ‹out› ; und doch ist es noch immer schwierig, okkulte oder psychisch-geistige Angelegenheiten in wissenschaftliche Begriffe zu kleiden, ohne sich dabei anzuhören, als wäre man ein Fall für den Psychiater! Zweifellos werden diese Probleme mit der Zeit überwunden und die Wissenschaftler werden eine Vereinbarung hinsichtlich der in der Metaphysik verwendeten Begriffe und der Gültigkeit außergewöhnlicher Behauptungen treffen, wobei sie sich nach ihrer eigenen Methodologie richten werden; auf diese Weise wird ein Modell geformt und akzeptiert werden.

Die meisten von uns haben bereits von den vier verschiedenen Arten von Gehirnwellen gehört; BETA — unser aktives, bewußtes, denkendes, waches Leben; ALPHA — ein entspannter Zustand, wie er durch Meditationstechniken hervorgerufen wird; THETA — dieser Zustand der Schläfrigkeit, der Bewußtlosigkeit nahe, traumgleich, in dem die Zeit aufgehoben und die Wirklichkeit verschwommen ist; und DELTA — der Zustand tiefen Schlafes.

Daß man diese Zustände auch künstlich erzeugen kann, wird ebenfalls von der Wissenschaft akzeptiert. Aber so schön Alpha-Muster auch sein mögen, wenn man im Schneidersitz über seinen Nabel nachdenkt, sie sind kaum angebracht, wenn man einen Wagen steuert und durch Ampeln, die in bestimmten

Intervallen aufleuchten, in sie versetzt wird, wie es kürzlich beobachtet wurde.

Mit anderen Worten, es gibt für alles eine natürliche Zeit und einen Ort. So sind zum Beispiel Theta-Wellen ideal für die psychisch-geistige Entwicklung und Astralprojektion, Alpha-Wellen für Meditation, Entspannung und einige Arten von medialer Tätigkeit. Okkultisten haben das bereits vor Jahrhunderten begriffen, wie wir aus vielen alten Büchern ersehen können, aber ich nehme an, es ist wohl beruhigend, sie dem frischen Wind der wissenschaftlichen Autorität ausgesetzt zu haben, solange unsere Freunde in Weiß auch ein paar Ge- und Verbote bereit halten.

Die Bereiche der Wissenschaft expandieren täglich so schnell, daß zu dem Zeitpunkt, an dem dieses Buch erscheint, wahrscheinlich bereits neue Fakten ans Licht gekommen sind, die meine Leser veranlassen werden, ihre Ansichten zu revidieren und das, was ich vorgeschlagen habe, zu erweitern oder zu verwerfen. Das ist nur fair, und ich werde es ebenfalls tun. Es wird neue Ausdrücke geben, die wir unserem Wassermann-Wörterbuch hinzufügen müssen, und wenn die nächste Generation die geistige Selbstverteidigung lernen muß, dann können wir nur hoffen, daß sie das Prinzip verstanden hat und sich nicht an Worten festhält.

Alternative Therapien helfen dabei, die Kluft zwischen metaphysischen Auffassungen in der Psychologie und feststehenden Denkweisen in der Psychiatrie zu überbrücken. Jung ließ Freud weit hinter sich, als er die archetypischen Ausformungen auf verschiedenen Stufen betrachtete und so das dem Menschen angeborene Bedürfnis hervorhob, etwas oder jemanden zu suchen, der über die unmittelbaren Bedürfnisse hinausgeht. Jüngste Experimente auf dem Gebiet der Hypnotherapie haben der Psychiatrie eine neue Dimension hinzugefügt, und eine Studie der subtilen Energien, die sich auf die körperliche und geistige Gesundheit aller Lebensformen auf diesem Planeten auswirken, hat so manche eingeführte okkulte Lehre glaubhafter werden lassen.

Eine aufgeschlossene Einstellung ist immer ratsam, und Studenten des Psychisch-Geistigen, Okkulten oder Mystischen sollten immer Wert darauf legen, ihren Glauben mit den neuesten Entdeckungen aus dem Bereich der Wissenschaft in Einklang zu bringen, wann immer es möglich ist. Ich selbst glaube daran, daß die Wissenschaft eines Tages viele der Bereiche übernehmen wird, die jetzt ausschließlich metaphysisch sind, dann nämlich, wenn eine Technologie entwickelt wird, die sowohl physische als auch geistige Energieflüsse auf Ebenen nachweisen, messen und korrigieren kann, die derzeit noch nicht für möglich gehalten werden.

KAPITEL
7

Träume, Astralprojektionen und die Chakras

Träume haben eine wichtige Funktion bei der Reise der Psyche durch die innere Zeitdimension, denn sie wirken als Bindeglieder zwischen der inneren und äußeren Zeitdimension oder als Kommunikationsmittel zwischen dem Geist und dem bewußten Verstand. Träume funktionieren archetypischen Linien gemäß, so daß jeder, der die Interpretation dieser Symbole beherrscht, schon bald enthüllen kann, was der Geist dem Träumer zu vermitteln sucht. Aber das alles ist keineswegs neu. Die alten Völker legten alle große Bedeutung in die Träume; die christliche Bibel, das Standardwerk für viele Bewohner der westlichen Welt, wenn es um spirituelle Dinge geht, ist voller Geschichten interpretierter Träume. Psychiater erzählen uns, daß es gut sei, zu träumen, da Träume wie eine Art Sicherheitsventil für die Emotionen wirken, ebenso wie für die aufgestauten Frustrationen, die das Leben uns von Zeit zu Zeit beschert. Interessant ist der ausgleichende Aspekt von Träumen; häufig stellen sie Leid und Sorgen dar, wenn der Träumende in Wirklichkeit gerade keine schlechte Phase durchläuft, während jene, die gerade so viel schlucken müssen, wie sie eben noch verkraften können, von Schönheit und Erfüllung träumen können.

Können wir schlechte Träume meiden? Und was können wir gegen Alpträume tun? Da dieses Buch sich in erster Linie mit der geistigen Selbstverteidigung befaßt, ist es wichtig, daß wir in diesem Zusammenhang die Natur der Träume analysieren, damit Vorsichtsmaßnahmen ergriffen werden können, die sicherstellen, daß zumindest einige der unschöneren Aspekte der Schlaf-Erfahrungen beherrscht werden können. Wieder einmal stellt sich uns die Frage: Wie viele schlechte Träume sind wirklich okkulter Natur und nicht einfach das Ergebnis von chemischen Reaktionen in unserem Körper, hervorgerufen durch fettes, überreichliches Essen oder Alkohol? Auch eine sehr hohe Temperatur kann schließlich Halluzinationen verursachen, die an Alpträume grenzen, und das ist nur die Manifestation einer Schlacht, die in unserem Körper zwischen eindringenden Fremdkörpern oder Viren und unseren eigenen Antikörpern ausgetragen wird!

Was hier nötig ist, ist eine logische Eliminierung aller möglichen NORMALEN Ursachen, ehe man etwas übernatürlichen Kräften zuschreibt. Wenn Sie sich nach einem Glas Kräutertee und einem trockenen Toast zu Bett begeben haben, bei guter Gesundheit sind, keine bedrückenden Sorgen haben und keine Anzeichen einer entstehenden Krankheit aufweisen, und wenn Sie *dann* einen schlimmen Alptraum haben, so nehmen Sie auf alle Fälle eine metaphysische Untersuchung vor. Das gilt besonders dann, wenn Sie an einem Ihnen nicht vertrauten Ort übernachten.

Eines Sommers hatte ich ein mich sehr erschreckendes Erlebnis, als ich die Nacht bei Freunden in einem sehr alten Haus verbrachte. Ich wachte schreiend auf, oder dachte es zumindest, aber es muß im Schlaf gewesen sein, denn sonst hatte niemand einen Ton gehört. Die Ursache lag im Haus, nicht in mir, was also tun? Nachdem ich beim Erwachen ziemlich aufgeregt war, ‹erdete› ich mich selbst gründlich, wusch mir im Badezimmer nebenan Gesicht und Hände und trank ein Glas klares Wasser. Danach hatte ich alles wieder vollkommen unter geistiger Kontrolle und war fähig, die Angelegenheit auf okkulte Art anzugehen. Ich reinigte die Atmosphäre in der nächsten Umgebung, vertrieb unerwünschte Einflüsse aus dem Zimmer und rief einen Schutzstrahl herab, um sicherzustellen, daß der Rest meiner Nacht friedlich verlaufen würde. Er tat es.

Sie können jetzt natürlich sagen, das mag für die einfach

sein, die wissen, wie es geht, aber tatsächlich habe ich nichts getan, was nicht auch jeder tun könnte, der dieses Buch gelesen hat. Es wurde kein Ritual vollzogen, ich hatte keine okkulte Ausrüstung dabei und ebensowenig das Gepäck der Magier! Nur die schöpferische Kraft meines eigenen Verstandes. Klares Wasser hilft, ungewollte Energien zu schwächen und dient gleichzeitig als Leiter für alle Kräfte, die man als Ersatz beschwören möchte. Ich vergegenwärtigte mir meine Persönlichkeits- und Gott-Symbole und schuf im Geiste ein Lichtfeld, das jeden Winkel und jeden Spalt im Zimmer ausfüllte. Durch mein archetypisches Symbol spürte ich die manifestierte Gegenwart einer Lichtquelle, eines Führers, Engels, nennen Sie es, wie Sie wollen, und so geschützt war ich fähig, mich zu entspannen und tief und ungestört zu schlafen.

Beharrliche Alpträume künden oft bevorstehende Perioden physischer Krankheit oder geistigen Stresses an. Man sollte also sorgfältig auf die Omen achten. Wenn Sie zum Beispiel ständig davon träumen, eine besondere Speise zu sich zu nehmen, die Sie unter normalen Umständen nicht einmal in Erwägung ziehen würden, dann könnte das bedeuten, daß das Unterbewußtsein Ihnen mitteilen will, daß Sie ein wichtiges Element in Ihrer Nahrung nicht berücksichtigen. Wir kennen alle diese albernen Träume, in denen wir eine Hand- oder Brieftasche verlieren, einen wichtigen Zug oder Anschluß versäumen, auf der Bühne erscheinen, ohne den Text zu kennen, oder ein wirklich wichtiges Vorstellungsgespräch vollkommen verpatzen. Das alles sind nichts weiter als Spiegelbilder der normalen Streßfaktoren unseres alltäglichen Lebens, unserer Unsicherheiten, unseres Argwohns, unserer Fehlurteile undsoweiter, und sie sollten nicht als psychisch-geistig oder okkult abgestempelt werden.

Astralprojektion

Lassen Sie uns diesen Vorgang zuallererst mit dem Schlafzustand in Beziehung bringen, oder mit jenen Zeiten, in denen wir uns im Einfluß von Delta-Gehirnwellen befinden und vollkommen mit REMs (rapid eye movements) funktionieren, oder, okkult ausgedrückt, in denen wir unseren Körper wirklich verlassen haben und uns in einer anderen Dimension oder einem anderen Zeitkreislauf befinden. Gibt es eine Art von Schutz, den wir ausüben können, wenn wir im Schlafzustand mit unserem Astralleib reisen? Natürlich gibt es den.

Es gibt Menschen, die fähig sind sich so zu programmieren, daß sie, während sie träumen, erkennen, daß sie nur träumen und dementsprechend handeln. So ähnlich wie Alice im Wunderland, als sie erkennt, daß ihre Feinde nur ‹ein Päckchen Karten› sind. Mit anderen Worten, wenn Sie sich erst einmal mit der Tatsache abgefunden haben, daß geistige Erfahrungen sowohl im Schlafzustand als auch im Wachzustand vom Verstand kontrolliert werden können, haben Sie es schon fast geschafft.

Ein Traum, in dem Sie von einem wilden Tiger gejagt werden, mag Sie mit Entsetzen erfüllen. Aber wenn Sie in diesem Traum stillstehen und sich sagen können «Moment mal, dieser Tiger ist nur ein Gedanke, den ich mit der Kraft meiner Gedanken auflösen kann!», und wenn Sie dann versuchen, ihn zu verscheuchen, werden Sie überrascht sein, welche Wunder das bewirkt. Natürlich reicht das nicht als Verhütung gegen ungewollte Erfahrungen außerhalb des Körpers, denn man kann nicht erwarten, daß die Haupt- und Nebenstraßen der Zeit automatisch frei werden, sobald man sich nähert. Aber es wird Sie lehren, mit möglichen Begegnungen einer unerwünschten oder fremdartigen Natur umzugehen, ihr auszuweichen oder sie, in gewissem Grad, zu hemmen.

Ich bin sicher, daß einige meiner Leser auf Geschichten gestoßen sind, in denen es während unerfreulicher astraler Begegnungen darum ging, die Gestalt oder Form zu verändern. Die Mythologie und alte okkulte Literatur wimmelt von solchen Geschichten, und eine der bestbekannten ist die keltische Erzählung von Keridwen und Gwion. Keridwen hatte einen großen Kessel des Wissens, und während sie sich anderweitig beschäftigte, trug sie ihrem Diener Gwion auf, für sie umzurühren. Während dieser Arbeit spritzte ein Tropfen auf Gwion und stattete ihn mit dem Wissen aus. Als Keridwen zurückkehrte, bemerkte sie es zu ihrem Entsetzen und erkannte auch, daß es nur eine einzige Möglichkeit gab, dieses Wissen zu behalten, nämlich, indem sie Gwion verschlang. Doch Gwion begriff sofort und veränderte hastig seine Gestalt, um seiner Verfolgerin zu entgehen. Die Geschichte erzählt, wie beide mehrmals die Gestalt wechselten, bis Gwion in seiner Verzweiflung schließlich zu einem Maiskorn wurde. Keridwen in ihrer Weisheit nahm die Gestalt einer Henne an und verschlang das Korn; da haben wir das Gesetz der Gleichheiten, wunderschön illustriert. Ja, es ist möglich, im schlafenden Zustand die Gestalt zu wechseln, wenn man verfolgt wird, und ich habe es häufig getan. Wie? Ich kann nur antworten, daß alles im Verstand vorhanden ist!

Natürlich findet nicht jede Astralprojektion im Schlaf statt. Der gewöhnliche Schlaftypus trägt die Bezeichnung ‹unwillkürlich› ; freiwillige Astralprojektion findet unter bewußten Bedingungen statt. Es gelten dieselben Vorsichtsmaßnahmen, obwohl es den Anschein hat, daß manche Menschen leichter aus einer schwierigen, ungewollten Projektion erwachen, als nach einem schlechten freiwilligen ‹Trip› zurückkehren können. Ich habe schon viele Fälle erlebt, in denen unter kontrollierten Bedingungen eine bewußte Projektion stattgefunden hat, aber mit verheerenden Ergebnissen. Manchmal ist man unfähig, wieder richtig in seinen Körper zurückzukehren, oder eine Fehlanpassung der Aura findet statt, aufgrund derer man sich krank oder deprimiert fühlt.

Ein guter Nachtschlaf (wieder hinaus aus dem Körper, aber beim nächsten Mal richtig wieder hinein) kann diese Krankheiten kurieren, doch es gibt Augenblicke, in denen die Aura während einer astralen Rauferei beschädigt wird, und dann ist Hilfe nötig, entweder von jemandem, der sich auf okkultes Heilen spezialisiert hat, oder von jemandem mit der richtigen Erfahrung. Es bedeutet nicht das Ende der Welt, Risse in der Aura können repariert werden, so, wie auch Krankheiten des Körpers geheilt werden können, wenn sie schnell von einem qualifizierten Arzt behandelt werden.

Wenn Sie beabsichtigen, sich allein auf Experimente mit der Astralprojektion einzulassen, dann seien Sie *sehr* vorsichtig und ergreifen Sie Maßnahmen zu Ihrer Sicherheit, solange Sie Ihren Körper verlassen. Ich weiß von einem Fall, wo ein Herr nicht wieder zurückkehren konnte. Wäre nicht seine Schwester gewesen, die eine Stunde später vorbeikam, hätte er wirklich Probleme bekommen können. Sie hatte keine okkulten Interessen und glaubte deshalb, er hätte einen Schlaganfall erlitten. Also rief sie den Notarzt. Die ärztliche Behandlung im Krankenhaus half ihm zurück, aber er hat es nie wieder versucht und von diesem Tag an alle okkulten Praktiken aufgegeben.

Wenn man keine Erfahrung hat, ist es nicht ratsam, an der gewollten Projektion herumzupfuschen, solange man allein ist. Arbeiten Sie mit jemand anderem, oder lassen Sie sich von einem erfahrenen Praktiker anständig einweisen, entweder einem Meister des Okkulten oder der Alternativmedizin, der weiß, wie das Unterbewußtsein arbeitet und der Sie sicher in den Normalzustand zurückführen kann, sollten Probleme entstehen, während Sie durch Bereiche von Zeit und Raum wandern, die nicht erfaßt sind.

Psychisch-geistige Sicherheitsventile

Während ich mich mit dem Thema befasse, wie sich die metaphysische Welt auf jene auswirken kann, die nicht notwendigerweise stark an ihr interessiert sind oder nur eine flüchtige Studie machen, fällt mir ein Fall ein, von dem ich glaube, daß er es wert ist, erwähnt zu werden. Er hebt eine mögliche Gefahrenzone für das natürliche Medium hervor, das sich an der Grenze zur geistigen Verwirrung befindet, und zeigt auch, wie jene, die es umgeben, auf die Symptome achten und sie erkennen können. Ein Herr, den ich kenne, war stolz auf seine eigenen hellseherischen Fähigkeiten, verachtete aber alle anderen, die auch nur entfernt damit zu tun hatten. Er behauptete, daß er häufig ‹kleine Leute› und auch Gestalten sah, die in seinem Schlafzimmer herumstanden. Er durchlief gerade eine Periode großer Schwierigkeiten mit seiner Frau, und schließlich trennten sie sich auch, aber in der Zeit direkt vor ihrer Trennung, als er besonders verbittert war, wachte er nachts auf und ‹sah› Gestalten um ihr Bett stehen.

Einmal war es eine Dame, die er als die ‹Jungfrau Maria› beschrieb, dann wieder der Hl. Franziskus von Assisi und bei der dritten und letzten Gelegenheit, als er einen besonders großen Zorn gegen die Schlafende hegte, sah er sich der Gestalt eines ägyptischen Gottes mit einem Ibis-Kopf (Thot) gegenüber, dessen — um ihn mit seinen eigenen Worten zu zitieren — ‹beide Knopfaugen meinem Blick plötzlich mit einer solchen Drohung begegneten, daß ich vor Angst fast erstarrte und mich hastig in mein Bett zurückzog›. Er erzählte später seiner Frau von dem Vorfall und auch, was ihn daran gehindert hatte, seinem Zorn Luft zu machen. Sie ihrerseits erzählte es ihrem Arzt, und der erklärte ihr, daß der Verstand Verteidigungsmechanismen hat, die in Kraft treten, wenn ein Gefühl, das dem normalen Verhaltensmuster entgegenläuft, sich manifestiert.

Nach Meinung des Arztes war die Gestalt Bestandteil der Einbildung des Ehemannes und wirkte als Sicherheitsventil, das ihn hinderte, eine Gewalttat zu begehen. «Aber», warnte der Arzt, «er hat die Grenze offensichtlich bald erreicht, und was Ihnen geschehen könnte, wenn sein Verstand einmal versagt und ein solches Bild nicht mehr entstehen läßt...» Es muß wohl nicht extra gesagt werden, daß die erschrockene Dame ihre Scheidung eilig vorantrieb.

Die Antwort des Okkultisten auf all dies würde natürlich lauten, daß die Frau von archetypischen Gestalten geschützt wurde, besonders von Thot, und daß sie in einem früheren Leben oder einer früheren Zeitzone dem ägyptischen Gott des Heilens einen guten Dienst erwiesen hatte, was ihr in der jetzigen seinen Schutz gegen geistige Krankheit einbrachte. Da ich die Dame kenne, weiß ich, daß das der Fall ist, aber ich benutze dieses Beispiel, um zwei Standpunkte zu demselben Phänomen zu illustrieren, nämlich den orthodox-medizinischen und den metaphysischen.

Chakras

Es wäre nicht in Ordnung, das Thema der geistigen Selbstverteidigung in Angriff zu nehmen, ohne dabei das Wirken des Chakra-Systems zu erklären und damit auch die Gefahren, die durch seinen Mißbrauch entstehen können.

Manche Menschen meinen, das Wort ‹Chakra› bedeutet ‹Rad›, aber ich habe es auch schon als ‹wirbelndes Messer› übersetzt gesehen. Tatsächlich haben wir es mit Energiestrudeln zu tun, oder mit einer Reihe kleiner Kraftfelder, die als Bindeglieder zwischen den feineren Frequenzen, die von den fünf Sinnen nicht erfaßt werden können, und dem Körper selbst fungieren.

Es gibt sieben Chakras in Bezug auf den menschlichen Körper, obwohl ich Informationen über ein mögliches achtes habe, das normalerweise nicht benutzt und von vielen okkulten Schulen nicht einmal anerkannt wird.

Jedes Chakra entspricht einem Bereich der menschlichen Anatomie und einer der endokrinen Drüsen. Unausgewogenheiten im Energiefluß zwischen dem Chakra und der dazu gehörigen Drüse können Störungen und Krankheit des oder der betreffenden Organe nach sich ziehen. Beim *Kundalini* — oder Schlangenfeuer —, von dem im östlichen Mystizismus soviel die Rede ist, handelt es sich um eine Spiralkraft, von der es heißt, daß sie schlafend am unteren Ende des Rückgrats liegt, im Bereich des niedrigen, oder Mulâdhara-Chakra, bis sie durch spirituelles Suchen erweckt wird und anfängt, sich in schlangenhafter Art zu entrollen und die Wirbelsäule hinaufzusteigen, wobei sie die anderen Chakras freisetzt. Mit dem Erwachen jedes Chakras sollen in der Persönlichkeit subtile Veränderungen vorgehen, und wenn diese Entwicklung nicht sorgfältig ausbalanciert wird, können für den Studenten zweifellos psychische Probleme daraus erwachsen.

Es gibt verschiedene Gedankenschulen in Bezug auf *Kundalini*: Einige Okkultisten sehen darin aufsteigende Bewußtseinsebenen, die durch physische und geistige Disziplinen wie Meditation und Yoga beherrscht werden können, während andere meinen, daß ihr Aufstieg mehr eine Frage des spirituellen Wachstums und der Evolution im Zusammenhang mit dem Seelenalter ist. Die Meinungen gehen auch auseinander, was die Chakras und die entsprechenden endokrinen Drüsen anbelangt, wobei die beiden oberen und die drei unteren die umstrittensten sind. Einige Fachleute weisen das Sahasrâra-Chakra der Zirbeldrüse und das Ajna-Chakra der Hypophyse zu, während die Ansichten auch unterschiedlich sind, was die Beziehung zwischen den Fortpflanzungsorganen und dem Swadisthana/Mulâdhara-Komplex anbelangt. Wenngleich das Manipûra-Chakra häufig den Nebennieren zugeschrieben wird, aufgrund der antreibenden Eigenschaften des Adrenalins, gibt es auch Denkschulen, die das Swadisthana-Chakra mit den Nierenfunktionen verbinden (die Nebennierendrüsen befinden sich ja über jeder Niere), und das Manipûra-Chakra mit der Insulinerzeugenden Bauchspeicheldrüse. Die Liste, die ich hier aufführe, ist deshalb allgemein gehalten und bezieht sich nicht auf einen bestimmten doktrinären Glauben oder eine Denkschule.

Chakra	*Endokrine Drüse*	*Körperstelle*
Mulâdhara	Geschlechtsdrüse	Basis des Rückgrats
Swadhisthana	Bauchspeicheldrüse	Kreuz
Manipûra	Nebennierendrüsen	Solar Plexus
Anâhata	Thymusdrüse	Brust/Herz
Vishudda	Schild-/Nebenschilddrüse	Vorderseite des Halses
Ajna	Zirbeldrüse	zwischen den Augen
Sahasrâra	Hypophyse	Scheitel des Kopfes

Viele okkulte Heiler arbeiten mit den Chakras, weil es, wie ich bereits erklärt habe, möglich ist, daß der Energiefluß schlecht ausgerichtet ist und Beschwerden verursacht, die mit der entsprechenden endokrinen Drüse oder Körperstelle in Zusammenhang gebracht werden. So kann zum Beispiel eine Sperre im Bereich des *Mulâdhara*-Chakra, das die Fortpflanzungsorgane und Sexualfunktionen regiert, entweder ein geistiges Zögern beim Sex oder Schwierigkeiten physischer Natur in den Organen selbst zur Folge haben. Der geübte okkulte Heiler kann die Sperre in den Kanälen des Chakras lösen und sie wieder so ausrichten, daß die Kraft ungehindert hindurchfließen kann. Vielleicht ist es aber auch das *Visuddha*-Chakra, das nicht richtig mit der Kehle ausgerichtet ist, und der Mensch hat häufig Halsschmerzen oder Schwierigkeiten, sich richtig auszudrücken; ähnlich könnte eine Sperre im *Ajna*-Zentrum verzerrte Hellsichtigkeit, Kopfschmerzen, Migräne und einen gestörten Orientierungssinn verursachen. Schwächen der Chakras zeigen sich deutlich in einem Horoskop, wie die Studenten der medizinischen Astrologie wissen werden.

Es ist nicht ratsam, Experimente mit dem Heilen über Chakras durchzuführen, außer man weiß, was man tut. Glauben Sie es oder nicht, der Wille zu Heilen und gute Heilabsichten reichen nicht aus, um eine solche auch zu erzielen, vor allem dann nicht, wenn man es mit Kräften zu tun hat, die man nicht versteht. Wie viele angehende Exorzisten zu ihrem Kummer festgestellt haben, ist nicht alles schablonenhaft oder Schwarz und Weiß, wenn es um den menschlichen Verstand geht, und es hat keinen Sinn, ‹Teufel› mit Gesang auszutreiben, wenn der arme Dulder einen Hirntumor hat oder an einer Virusinfektion leidet. Überlassen Sie die Probleme der Chakras jenen, die *wirklich* darüber Bescheid wissen, und fallen Sie nicht auf jemanden herein, der sagt, er hätte ein paar Bücher darüber gelesen.

KAPITEL
8

Psychische Arbeit in der Praxis

Der ‹okkulte Heimwerker›, also einer, der sich sein okkultes Wissen selbst angeeignet hat, kann häufig ein echtes Problem für den wirklichen Praktiker werden. Wie bei allem anderen im Leben kann man nur eine bestimmte Menge in der Theorie lernen, der Rest ist Praxis und wird nur in der Schule des Lebens perfektioniert. Schließlich würden Sie ja auch nicht daran denken, einen chirurgischen Eingriff vorzunehmen und einen Blinddarm entfernen, nachdem Sie ein paar Mal in einem Medizinbuch gelesen haben, wie man es macht. Im Medizinstudium würden Sie bei der Handlung zusehen und schließlich würde man Ihnen erlauben, unter den wachsamen Augen und der erfahrenen Hand eines alten Chirurgen ein Messer in die Hand zu nehmen. Warum also sollten derartige Regeln nicht auch für psychisch-geistige und okkulte Angelegenheiten gelten?

Kenntnisse aus metaphysischen Büchern geben in bestimmten Kreisen einen guten Gesprächsstoff ab, und wenn sie aus dem einen oder anderen in gelehrtem Ton zitieren können, dann sind bestimmt auch Menschen anwesend, die selbst überhaupt nicht informiert sind und sich davon beeindrucken lassen. Tatsächlich bittet man Sie möglicherweise um Ihre Meinung, um einen kleinen, psychisch-geistigen Ausflug oder darum, einen netten kleinen Exorzismus zu vollziehen! Wenn Sie vorsichtiger als stolz sind, dann werden Sie die Angelegenheit mit einem freundlichen ‹Nun ja, ich habe über diese Dinge natürlich nur gelesen und sie nie wirklich praktiziert› abtun, aber Personen auf dem Ego-Trip könnten darin leicht etwas eingebildeten Ruhm für sich selbst sehen und einen Versuch starten, wobei sie verheerende Ergebnissse für alle Beteiligten erzielen und darüber hinaus noch eine karmische Schuld schaffen könnten.

Man kann nichts über das Psychisch-geistige oder Okkulte lernen, indem man einfach Bücher liest; man muß es erfahren, um es zu verstehen. Wenn Sie gemütlich in Ihrem Lehnstuhl sitzen bleiben und Ihre Gespenstergeschichten, Teufelsnovellen oder über kabbalistische Rituale lesen wollen, dann behalten Sie das auch weiterhin bei und stellen Sie Ihr Buch auf sein Regal zurück, wenn Sie damit fertig sind; aber sollten Sie den Wunsch verspüren, tiefer einzudringen und sich auf die praktische Anwendung einzulassen, dann gehen Sie vorsichtig vor.

Richtige psychische Arbeit

Ich komme jetzt zu dem Teil meines Buches, der speziell für jene gedacht ist, die den Pfad gewählt haben, sei es als Medium, Mystiker oder Okkultist. Lassen Sie uns zuallererst das Medium betrachten, das auf diesem Gebiet tätig ist, oder jene Studenten, die ihre ersten Schritte in die praktische Anwendung ihrer Kunst zum Wohle der Öffentlichkeit wagen (oder zum Wohle ihres privaten Bankkontos, was auch vorkommt).

Mr. Smith braucht Rat und Hilfe. Also sucht er in den Seiten der Lokalzeitung und findet auch tatsächlich eine Anzeige, in der es heißt ‹Clara Field, Hellseherin und Zukunftsdeuterin, bringen Sie Ihre Probleme zu mir› undsoweiter. Genau die Richtige, denkt er sich, und nachdem er telephonisch einen Termin ausgemacht hat, trabt er vergnügt los, um die Dame zu konsultieren.

Nun hat Mr. Smith ein bestimmtes Problem. Er ist bei einer Firma angestellt, die ihre Geschäfte im Ausland stetig vergrößert; in England hat er kaum die Chance, bis zum Management aufzusteigen, denn seine Vorgesetzten sind noch jung und er ist nicht so besonders qualifiziert. Aber seine Vorgesetzten haben ihm eine Beförderung versprochen, wenn er bereit ist, im Herbst nach Brasilien umzuziehen. Mr. Smith hat eine kleine Doppelhaushälfte in einem der Vororte, eine Ehefrau, die als Teilzeitkraft beim örtlichen Fernmeldeamt tätig ist, und einen neunjährigen Sohn auf einer kleinen Privatschule. Er weiß, daß seine Frau nicht ins Ausland gehen will, weil ihre Mutter in der Nähe wohnt, und daß sein Sohn erfolgreich in der Fußballmannschaft der Schule spielt. Aber insgeheim sieht er sich in einem geräumigen weißen Büro sitzen, durch dessen Fenster die Tropensonne strahlt, und mit einer ganzen Armee billiger Arbeitskräfte, die auf seinen kleinsten Wink zur Verfügung stehen. Tatsächlich hat er in den Tagen, die seinem Kontakt mit der Hellseherin vorausgehen, an nichts anderes als daran gedacht.

Mr. Smith erscheint also nun im Sprechzimmer, und die Dame wirft einen Blick in ihre Kristallkugel. «Ich sehe ein fremdes Land, ein großes Zimmer mit weißen Wänden; Sir, Sie werden ins Ausland gehen.» Mit Hilfe der Telepathie ist es Madame Field ganz einfach gelungen, Mr. Smith zu seiner eigenen Vorstellung zurückzuhelfen. Als er ihr daraufhin von seiner Frau und seinem Sohn erzählt, tut sie es mit einem Achselzucken und folgender Antwort ab: «Es ist Ihnen vorherbestimmt, dorthin zu gehen, denn ich sehe Sie dort.» Und so macht sich der Mann wieder auf den Weg, noch immer vollkommen unsicher. Wie er sich auch entscheidet, kann es falsch sein. Wenn er die Gelegenheit nicht ergreift, die sich ihm bietet, fühlt er sich vielleicht betrogen, und allmählich könnte sich Groll entwickeln, der schließlich zum Zerbrechen der Ehe führt. Oder aber, wenn er ins Ausland geht, riskiert er, seine Frau auf diese Weise zu verlieren. Entscheidungen, Entscheidungen...

Was ich hiermit zu illustrieren versuche, ist die Tatsache, daß wir letztendlich selbst für die Gestaltung unseres eigenen Lebens verantwortlich sind. Ein guter Hellseher kann uns helfen, indem er uns in dunklen Tagen Hoffnung macht, und es GIBT natürlich Augenblicke, in denen das Medium wirklich in eine andere Zeitdimension schaut und nicht nur Telepathie betreibt. Aber in Fällen direkten Hellsehens sind diese Augenblicke, meiner Meinung nach, selten, und wenn das ehrgeizige Medium nicht wenigstens ein bißchen Beratererfahrung hat, kann es leicht dazu kommen, daß seine Aussagen ebenfalls manchmal zutreffen und manchmal eben nicht.

Psychisch-geistige Hilfen

Damit komme ich zu den Zeitsymbolen; den Namen habe ich für divinatorische Hilfsmittel wie das Tarot, Runen, I Ging undsoweiter geprägt. Hier haben wir es mit einer ganz anderen Sache zu tun, bei der der bewußte Verstand zu einem gewissen Grad ausgeschaltet wird, aber selbst dann kann es, wenn es um die Deutung geht, noch Fehlurteile geben. Ich erinnere mich an den Fall einer Dame, die schon mittleren Alters war, sich aber verzweifelt ein zweites Kind wünschte. Ihr einziger Sohn war geboren worden, als sie achtzehn Jahre alt und unglücklich verheiratet war, aber seither hatte sie eine sehr gute Partie gemacht, die jedoch nicht mit Nachkommen gesegnet war. Sie besuchte eine ganze Reihe von Medien und stellte die offensichtliche Frage. Jedes Medium erkundigte sich seinerseits, wie alt sie wäre. Wenn sie dann erwähnte, sie wäre Mitte Vierzig, schüttelten sie traurig die Köpfe und rieten ihr, sich anderen Interessen zuzuwenden; sie sagten das ungeachtet dessen, welche Tarot-Karten aufgedeckt wurden oder was in ihrem Horoskop aktiv zu sein schien. Schließlich war sie es, die zuletzt lachte und ein Kind zur Welt brachte. Daraus können wir lernen, niemals dahingehend zu deuten, wie *man selbst* denkt, oder was einem Konventionen vorschreiben könnten.

Menschen sind Individuen. Tarot-Leser, die eine Karte sehen, die anzeigt, daß der Fragende, sagen wir, ein großes schriftstellerisches Talent hat, die dann aber die Bedeutung der Karte ändern, weil sie vor sich eine kleine, farblose Hausfrau sehen und dieses Fehlurteil sie überfordert, sind keine guten Medien. Mit anderen Worten, Leute, verteidigt Euch gegen EUCH

SELBST, wenn ihr der Öffentlichkeit einen Dienst erweist. Subjektivität ist ein ebenso großes Hindernis für die Wahrheit wie ein boshafter Elementargeist, der zum Spaß in die Irre führt.

Über jedes mediale Hilfsmittel kann man nur in gewissem Umfang aus einem Lehrbuch lernen; danach bleibt es der Geschicklichkeit und dem Gefühl für Psychologie des Aspiranten überlassen, ob er oder sie sich zu einem talentierten Beschreiber entwickelt.

Verteidigung bei der Auslegung

Eine Dame, die ich kannte und die als Hellseherin im Zentrum Londons tätig war, beschwerte sich häufig darüber, daß gewisse Besucher schlechte Ausstrahlungen mitbrachten, die sie aufregten und eine böse Atmosphäre in ihren Zimmern hinterließen. Es ist nur natürlich, daß man in seinem Leben Menschen begegnet, deren Ausstrahlungen im Widerspruch zu den eigenen stehen. Man kann nicht mit jedermann zusammenpassen, auch wenn man ähnliche Ansichten teilt. Ich werde oft von Nicht-Eingeweihten gefragt, warum es unter den Okkultisten und Medien soviele verschiedene Standpunkte gibt; wenn es eine Wahrheit gibt, dann müßten doch einige richtig, die anderen falsch sein.

Natürlich gibt es auf metaphysischem Gebiet nicht ‹eine Wahrheit›, so, wie es auch nicht eine einzige Wahrheit im Christentum, im Buddhismus oder sonst einem Glauben gibt. Eine Idee ist der Öffentlichkeit zugetragen worden, und die Menschen interpretieren sie gemäß der eigenen Stufe geistiger Entwicklung auf der einen Seite und dem von ihrer Umgebung vorgeschriebenen Verhalten auf der anderen. Nur die wirklich ‹klugen Köpfe› sind in der Lage, sich über Dogmen und Stammeszugehörigkeiten zu erheben und alles in Zusammenhang mit dem Universum als Ganzem zu bringen. Mit der Welt des Okkulten ist es in diesem Punkt also genauso wie mit allem anderen. Die Ansichten können und werden sich unterscheiden, und es gibt nichts Absolutes. Je früher dies erkannt und auf alle Dinge des Lebens übertragen wird, desto früher wird unser Planet zu einem harmonischen Ort, in dem man leben und sein Karma verwirklichen kann.

Angesichts der Wahrscheinlichkeit, auf Menschen und/oder körperlose Wesen oder kosmische Energien zu stoßen, die nicht mit den eigenen harmonieren oder ihnen sogar zuwiderlaufen, gibt es da irgendwelche Vorsichtsmaßnahmen, die man ergreifen kann, um einem ‹Zusammenstoß› aus dem Weg zu gehen? Es gibt sie tatsächlich, aber es verlangt einen kühlen Kopf, sie durchzuführen, wenn sich jemand oder etwas als besonders hartnäckig erweist. Wenn Sie sich im Leben in einer Situation befinden, in der es nötig wird, daß Sie der Allgemeinheit in medialer Weise helfen: hier sind ein paar Tips zur Sicherheit.

Versichern Sie sich immer, daß jeder Raum, in dem Sie arbeiten, so rein wie möglich gehalten wird, was die physisch/materielle Ebene angeht. Unsauberkeiten ziehen die niedrigen Astralleibe an, und es hat keinen Sinn, sie unter den Teppich zu kehren und zu hoffen, daß die Geister sie nicht entdecken. Vergessen Sie nicht, daß diese über eine himmlische Sicht verfügen, auch, wenn Sie es nicht tun! Gleiches zieht Gleiches an. Sauberkeit zieht Sauberkeit an. Ein sauberer Verstand zieht andere saubere Geister an. Ernsthaftigkeit bringt Ihnen ernste Gedanken nahe. Jeder erntet, was er gesät hat. Vergewissern Sie sich also, daß Sie sauber sind an Körper, Geist und Umgebung.

Als nächstes müssen Sie eine gute mediale Atmosphäre aufbauen. Erleuchten Sie Ihr Zimmer entsprechend Ihrer Überzeugung. Wenn Sie ein Christ sind, macht ein Gebet, ehe Sie sich an Ihr Werk machen, Sie vielleicht glücklich, oder aber ein Kreuz an der Wand oder das Lesen in der Heiligen Schrift. Ein Buddhist zieht es möglicherweise vor, zu meditieren, Weihrauch und einen kleinen Schrein aufzustellen. Ein Pantheist würde sich mit den Symbolen der vier Elemente sicher fühlen, ein Kabbalist mit dem Baum des Lebens undsoweiter. Das Medium, das als Ratgeber allein arbeitet, MUSS es lernen, sich sowohl psychisch als auch emotional von den Fragestellern zu lösen. Seien Sie mitfühlend, aber gestatten Sie Ihrem Besucher nicht, Ihre Gefühle zu überwältigen, und dasselbe gilt auch für diejenigen, die versuchen, Ihnen ihren Willen aufzuzwingen. Und denen *werden* Sie begegnen!

Ich habe viele Jahre lang mit einer okkulten Heilgruppe gearbeitet, und unter uns befand sich ein Herr, der als Trance-Medium tätig war. Gelegentlich nahm er eine Arbeit in der Öffentlichkeit an, aber wenn er es tat, sorgten wir immer dafür, daß er von einem Okkultisten ‹gedeckt› wurde. Diese Deckung bestand daraus, daß eine starke Gedankenkraft um ihn herum projiziert wurde, die mit dem Beschützer zusammenhing; jeder eindringende Verstand oder Einfluß traf jetzt auf eine Art ‹Kraftfeld›, und gab es irgendwelche boshaften Absichten, dann war es immer der Beschützer und nicht das Medium, der sie ablenkte.

Unsere Leute plazierten diesen Schutz für gewöhnlich um das Medium, ehe der Mann in den Trance-Zustand verfiel, und wenn das Wesen, das kommunizieren wollte, seine Gegenwart spürbar machte, stieß es unverzüglich auf das Kraftfeld. Nun war es die Pflicht des Schützenden, das Gesetz der Herausforderung anzuwenden und sich zu vergewissern, daß der Kommunizierende gut und kein ‹böser› Geist oder ein Unheilstifter war. Es entspricht dem Gesetz der Herausforderung, daß das Wesen auf jeden Fall eindringen wird, wenn seine Kraft größer ist als die des Beschützers, wenn sie aber geringer ist, muß es dessen ‹Weg frei› abwarten, um das Medium zu beherrschen. Ein Wesen des Lichts, das mächtiger ist als der Beschützer, würde natürlich einfach ein Erkennungszeichen aussenden und auf harmonische Weise durch die Deckung eindringen.

Ich erinnere mich voller Entsetzen, daß mir ein Medium — nicht aus unserer Gruppe — erzählte, wie sie an einer Sitzung teilgenommen hatte, in der ein anderes Medium in Trance gewesen war, das eigentlich die Gruppe hätte führen sollen, als plötzlich ein schreckliches Wesen Herrschaft über das Medium erlangte, das spuckte und Verwünschungen ausstieß, wobei ihm

Schaum vor dem Mund stand, undsoweiter. In der Schule okkulter Disziplinen, in der ich unterrichtete, HÄTTE KEIN WESEN DIESER NATUR EINLASS IN DEN RAUM GEFUNDEN, GESCHWEIGE DENN HÄTTE MAN IHM GESTATTET, TATSÄCHLICH DIE HERRSCHAFT ÜBER EIN MEDIUM ZU ERLANGEN, DAS UNTER UNSEREM SCHUTZ UND UNSERER AUFSICHT STAND.

Falls also irgend jemand von Ihnen anwesend ist, wenn ein Medium in Trance fällt, und wenn Sie dann spüren, daß die Atmosphäre ungut ist, oder wenn das Medium anfängt, Zeichen von Not oder Entfremdung zu geben, dann rufen Sie es sofort zurück und reinigen Sie den Raum, entweder mit Hilfe von Gedankenkraft, durch Gebete oder Rituale, wenn Ihnen das lieber ist. Es gibt unzählige Rituale zur Vertreibung, und jedes gute Buch zu diesem Thema wird Ihnen eine ganze Reihe zur Auswahl anbieten. Ich persönlich finde es einfacher, Barrieren des Widerstandes gegen unerwünschte Intelligenzen oder ungezügelte Energien zu schaffen, aber natürlich ist es in erster Linie wichtig, nichts anzurufen, mit dem man nicht fertigwerden kann; mit diesem Thema werde ich mich in einem späteren Kapitel detaillierter beschäftigen.

KAPITEL
9

Die Frage der Reinkarnation

Es ist nichts Ungewöhnliches, wenn sich die mediale Gabe nach ein paar Sitzungen in tiefer Hypnose entwickelt oder erblüht. Ein Herr, den ich kenne und der wegen seiner ständigen Migräne Zuflucht zur Hypnose nahm, endete schließlich als Trance-Medium.

Diejenigen, die es schwierig finden, die normalen Prozesse der psychisch-geistigen Entwicklung zu meistern, werden mit der Begabung vielleicht mit Hilfe eines Hypnotiseurs besser fertig. Aber nicht jeder ist ein gutes Hypnose-Medium, genauso wenig wie wir alle gute Medien sind. Warum also werden manche Menschen ‹wissend› geboren, während andere unfähig scheinen, sich von gewissen festgefahrenen Schablonen ihrer Existenz oder von weltlichen Denkmustern zu lösen?

Ehe man auf die Reinkarnation als einzige Antwort zurückgreift, wäre es klug, sich ein paar alternative Konzepte zu überlegen. Schließlich gibt es viele Menschen, die irregeleitet werden und glauben, etwas zu sein, was sie nicht sind, einfach aufgrund ihrer Egotrips in andere Zeitdimensionen, und das allein stellt schon eine Gefahr für ihr Glück und ihr ausgewogenes Leben dar. Wie ist es zum Beispiel in Fällen, in denen mehr als eine Person eine geistige Verbundenheit zu einem Namen aus der Vergangenheit verspürt?

Ich habe mehrere wirklich ehrliche und wahrhaftige Medien kennengelernt, von denen jeder einzelne behauptete, die Reinkarnation des Pharaohs Echnaton zu sein. Wenn die Theorie ‹eine Seele pro Leben› korrekt ist, muß sich jemand irren. Was können wir also daraus lernen?

Eine Theorie ist die des ‹kollektiven Unterbewußtseins›, wie es von Jung definiert wurde. Mit anderen Worten, wir erfahren nicht etwa ein anderes Leben in anderen Zeitdimensionen oder zu anderen Perioden in der Geschichte, sondern nur ein einziges Mal, im ‹Jetzt›. Aber wenn wir in der Lage sind, unser Unterbewußtsein dem Ozean kosmischen Bewußtseins zu öffnen, entweder über den Weg einer Meditation oder mystischen Studien, oder aber mit Hilfe von natürlichen Gaben, dann können wir zu jedem Menschen werden, der wir sein wollen, einfach, indem wir uns in die Erfahrungen dieser Persönlichkeit einschalten.

Ein sehr guter Freund von mir, der sowohl ein Medium als auch wissenschaftlich orientiert ist, gab dazu folgenden Vergleich, der auch als Erklärung dafür dienen könnte, warum manche Menschen ‹wissend› geboren werden, während andere mit Scheuklappen durchs Leben zu laufen scheinen: «Wenn wir in die physische Welt hineingeboren werden, wird jeder von uns mit einer bestimmten Frequenz versehen, mit der wir uns ins kosmische Unbewußte einschalten können. Wenn wir unsere Radios einschalten, suchen wir so lange auf dem Frequenzband, bis wir einen Sender finden, der uns gefällt, und vielleicht entschließen wir uns, diesem Sender treu zu bleiben und keinen anderen anzuhören. Aber eine Rundfunkstation sendet nicht immer dasselbe Programm; sie bietet eine Vielfalt von Unterhaltung. Einmal schalten wir uns vielleicht zu einer Nachrichtensendung dazu; oder einer Symphonie; oder einem Hörspiel; oder einer Sportsendung. Sie alle kommen über dieselbe Frequenz oder denselben Sender, aber jede Sendung hat ihre bestimmte Zeit. Vielleicht können wir mit dem Radiogerät verglichen werden, dem Empfänger, der die kosmischen Programme und Berichte auffängt, zu denen uns eine besondere geistige Zugehörigkeit innewohnt, eine Anpassungsfähigkeit, oder die richtige Frequenz. Aber leider sind die meisten unserer Radioempfänger nicht richtig eingestellt, und wir hören nur ab und zu eine klare Stimme, die die atmosphärischen Störungen durchdringt, die den größten Teil unserer Programme ersticken. Die meisten Menschen erleben gelegentlich einen kurzen Augenblick medialen Bewußtseins, doch nur wenige werden ihn als solchen erkennen. Unglücklicher noch sind jedoch jene Menschen, deren Empfänger nicht eingeschaltet sind und die in vollkommener Stille durchs Leben treiben und sich fragen...»

Gut ausgedrückt, fand ich, und man kann es so leicht auf Menschen münzen, wie wir sie alle aus unserer Umwelt kennen.

Vor ein paar Jahren untersuchte ich das Phänomen der ‹früheren Leben› und führte Experimente mit Leuten durch, die ich überhaupt nicht kannte. Interessant dabei war etwas, auf das ich immer wieder stieß: Der Schwerpunkt auf dem einen oder anderen Archetypus schien durch eine Reihe von Leben zu verlaufen. Lassen Sie mich das illustrieren; ein Herr bat mich schriftlich um Eindrücke aus seinen früheren Leben. Er unterzeichnete mit einem schlichten ‹Mr.›, und die Adresse war ganz normal. Mit Hilfe von Psychometrie und seinem Brief erhielt ich eine Reihe von hellseherischen Impressionen, die alle mit dem Militär in seiner Vergangenheit zu tun hatten. Da war ein Soldat, der hinter Ramses marschierte; eine Marketenderin bei Alexander; ein römischer Legionär; ein Kreuzritter zu Pferde; und so weiter bis hin zum Krieg 1914-1918. Alles sehr seltsam, fand ich, fühlte mich aber bei meiner Ehre verpflichtet zu erzählen, was ich gesehen hatte. Ein paar Tage später erhielt ich ein Dankschreiben von ‹Sergeant..., Catterick Camp›. Wenn der Vergleich meines Freundes stimmt, hatte ich mich einfach auf die Wellenlänge des Sergeanten eingeschaltet und sein Programm empfangen. Vielleicht hatte er diese Leben tatsächlich durchlebt, oder vielleicht wurden sie simultan in parallelen Universen oder Zeitdimensionen durchlebt, und zwar von anderen Angehörigen seiner Gruppenseele.

Ich habe es allerdings gefährlich gefunden, frühere Leben, oder angenommene frühere Leben, zu erforschen, ohne dabei die Zeit und alles, was sie bedeutet, zu berücksichtigen. Ich kann akzeptieren, daß der Geist eine grundlegende archetypische Natur besitzt, die er in vielen Zeitdimensionen ausdrückt. Aber ob es sich dabei tatsächlich um individuelles Leben handelt oder einfach um Erfahrungen der Gruppenseele, auf die man sich einstellen kann, ist ein umstrittener Punkt.

Ich persönlich bin der Meinung, daß es nicht immer so viele frühere Leben gibt, wie Medien oder Okkultisten es sehen. Ich sehe die Zeit zum Beispiel nicht geradlinig, sondern als Kurve, und es ist möglich, sie vorwärts und rückwärts zu durchlaufen. Deshalb würden jene, die sich in ihr vorwärts bewegen, mehr Wissen erlangen und deshalb die Bezeichnung ‹alte Seele› verdienen. Die Hypnose verleiht dieser Theorie mehr Glauben, denn man kann vor- und zurückversetzt werden. Ich habe darin Erfahrungen aus erster Hand, und sie haben mir gezeigt, daß der unterbewußte Verstand seine Information sowohl in der Vorwärts- als auch in der Rückwärtsbewegung symbolisch weitergibt. Wie der Psychismus hat auch die nach vorne gerichtete Hypnotherapie ihre Fallen, denn das Unterbewußtsein scheint nur solche Informationen in Bezug auf die Zukunft freizusetzen, die dazu beitragen, den Druck der Gegenwart zu bewältigen. Namen, Daten, Beschreibungen neigen dazu, mehr symbolisch als präzise zu sein. Wie bei der ASW kommt es also darauf an, diese Symbole zu entschlüsseln, was ein gewisses Maß an Fertigkeit verlangt.

Die Erfahrung hat mir eigentlich mehr gezeigt, daß die Reinkarnation, in der allgemein üblichen Art der linearen Zeit, keine gültige Wahrheit ist, und ich neige mehr zu der Ansicht, daß die Antwort auf das Rätsel der sich entfaltenden Seele und ihrer ‹Erinnerungen› aus früheren Leben mit der Zeit verknüpft ist. Es muß wohl einen Punkt geben, an dem alle Zeitzonen verschmelzen, ein ‹ewiges Jetzt›. Diesem kann man sich über eine Reihe von Schritten oder Ebenen nähern, von denen jede dem Betrachter-außerhalb-des-Körpers ein immer umfassenderes Konzept des Universums und eine immer tiefer werdende Einsicht in seinen eigenen und den Geist anderer bietet. Zweifellos waren, oder sind wir einige der Dinge, an die wir uns erinnern, aber simultan, als wäre unser Geist in Fragmente in verschiedenen Zeitzonen aufgespalten, die alle gleichzeitig stattfinden. Viele ‹Erinnerungen› sind, so sehe ich es, nur Einstellungen auf andere Mitglieder der Gruppenseele, oder einfach nur Sondierungen des großen universalen Unterbewußtseins.

Das Ego oder der Geist drückt seine grundlegende archetypische Natur in jeder Situation oder Zeitperiode entsprechend der Erfahrung aus, die er benötigt, um das Verständnis zu erlangen, das notwendig ist, um zum Mittelpunkt, zu Gott, wie immer Sie es nennen wollen, zurückzukehren. Die Tradition drückt dieses Prinzip mit Hilfe der linearen Zeit aus, aber ich setze voraus, daß das Wassermann-Zeitalter die Barrieren von Zeit und Raum niederreißen und alte Wahrheiten in einem neuen, wissenschaftlicheren Licht erscheinen lassen wird. All diese Punkte sind umstritten, und ich lege sie Ihnen einfach zur Überlegung vor und nicht *ex cathedra*. Die Frage ist also rein rhetorisch. Aber da es so viele Unregelmäßigkeiten gibt, wenn es um die Frage der Reinkarnation geht, ist es ratsam, seinen Verstand offen zu halten. Sonst könnte der Glaube erschüttert oder so überbeansprucht werden, daß man sich von allen geheimnisvollen Lehren abwendet. Wie der Ratgeber meines guten Freundes zu mir sagte: «Was dem einen recht ist, ist dem anderen noch lange nicht billig.»

In der Natur der Seele liegt eine Beständigkeit, die durch alle Lebensmuster zu verlaufen scheint, die Erfahrungen außerhalb des Archetypus zwar nicht leugnet, jedoch zu einer Ausdrucksform neigt, die dem Prinzip der Gruppenseele zumindest geistesverwandt oder ergänzend gegenübersteht. Wenn man all diese auf psychisch-geistige oder okkulte Dinge anwendet, dann erhält man eine ziemlich klare Vorstellung davon, wer sich zu dem ‹Pfad› hingezogen fühlt und wer nicht. Man kann nun sagen, daß jeder in mehr oder weniger starkem Ausmaß medial veranlagt ist, was in gewisser Weise auch stimmt. Aber es gibt auch viele, die singen oder tanzen können, und denen es doch nicht vorherbestimmt ist, öffentlich aufzutreten. Es ist also eine Frage davon, seine Gaben in die richtige Richtung zu bekommen. Es kann verheerende Ergebnisse zeitigen, seine Fähigkeiten auf medialem Gebiet zu überschätzen, andererseits sollte man sein Talent aber auch nicht verstecken.

Jene Medien, denen das Vorgehen und Praktizieren ihrer Kunst angeboren ist, haben diesen Weg offensichtlich bereits in anderen Zeitzonen beschritten, oder, um es orthodoxer auszudrücken, sie haben das richtige Karma in der Vergangenheit. Einige werden wissend geboren und ergreifen automatisch die notwendigen Sicherheitsmaßnahmen aus ihrer ganz gewöhnlichen Logik heraus. Manchmal helfen ihnen dabei die Religionen etwas, in deren Sinn sie aufgezogen werden; zu anderen Zeiten kommt die angewandte Symbologie oder der *modus operandi* einfach von innen und kann einer externen Schulung zugeschrieben werden, d.h. über die Gruppenseele oder Reise durch die Zeitdimensionen. Das erfahrene Medium, wie der erfahrene Reisende, weiß die Wegweiser zu lesen, weiß, wo er die richtigen Verbindungen bekommt, was zu tun ist, wenn das Licht ausgeht, während er durch einen Tunnel fährt, und an welcher Station er an Land zu gehen hat oder aussteigen muß.

Neuankömmlinge auf diesem Gebiet, denen diese Art von Information nicht angeboren ist, sollten sich vergewissern, daß die Sicherheitsvorschriften JEDERZEIT und bei JEDER PSYCHISCH-GEISTIGEN GELEGENHEIT sorgfältig beachtet werden. Jeder, der die Verkehrsregeln des Kosmos mißachtet, wird früher oder später Probleme der einen oder anderen Art haben, und Unkenntnis des Gesetzes schützt da nicht. Das Universum ist NICHT von Natur aus anarchistisch, so gern die weniger Disziplinierten unter uns das auch glauben möchten. Ich habe das Alter der Seele einmal folgendermaßen definiert gehört: Die junge Seele sagt ‹ich weiß›, die Seele mittleren Alters sagt ‹ich glaube zu wissen› und die alte Seele sagt ‹ich weiß nicht›. Denken Sie darüber nach!

KAPITEL
10

Das System der Logen

Im letzten Teil dieses Buches werde ich mich auf die Gefahren konzentrieren, auf die man wahrscheinlich treffen wird, wenn man diesen Pfad einschlägt, und vieles von dem, was ich sage, mag in den Ohren des Laien bizarr klingen.

Wie ich bereits erklärte, ist es NICHT ratsam, Strahlen, Systeme, Lehren undsoweiter miteinander zu mischen. Verharren Sie bei einem, bis Sie es beherrschen und wissen, was Sie tun. Nicht alle okkulten Systeme oder Traditionen lassen sich einander anpassen, und es gibt auch Strahlen, die einander aufheben können, was manchem Schüler nicht klar ist. So ist zum Beispiel die Strahlung in jedem System, das sich auf das Prinzip Saturn bezieht, die natürliche Gegenstrahlung zum Prinzip des Uranus. Das planetarische Metall Saturns ist Blei, und Uran gehört zum Uranus. In seiner radioaktiven Form wird Uran zum Schutz in Blei gehüllt, und auf dieselbe Weise kann eine Anrufung des Uranus-Prinzips zurückgehalten oder ausgelöscht werden, indem man das Prinzip Saturns anruft.

Die einfachste Art, Strahlen und Gegenstrahlen zu erkennen ist, die Prinzipien zu verstehen, für die sie jeweils stehen, denn bedenken Sie, alle Archetypen sind in allen Systemen konstant. So kann einem Pan-Strahl, der irdisch und von ‹belebender› Natur ist, von einem Neptun-Strahl entgegengewirkt werden, der verwischt, zerstreut und verwirrt. Ich habe selbst mit diesen Prinzipien gearbeitet und konnte ihre Wirksamkeit zur Genüge ausprobieren. So wurde ich zum Beispiel einmal gebeten, okkulte Hilfe zu entsenden, um einen besonders gewalttätigen Aufstand zu unterdrücken. Wir verwendeten einen Strahl vom Neptun-Typ und hatten sofort Erfolg. Die Aufwiegler schauten sich um, ihre Aufmerksamkeit wurde plötzlich von jemandem abgelenkt, der weit hinten in der Menge Gitarre spielte. Langsam wurde die Musik stärker, und ihr Interesse wurde vollkommen umgelenkt. Es war unglaublich, als wir es auf dem Bildschirm sahen!

Ebenso können Strahlen einer ausgreifenden Natur wie Jupiter/Chesed/Thor, je nachdem, nach welchem System Sie arbeiten, mit Strahlen erwidert werden, die zerstören, verändern, das Alte und Etablierte auslöschen und das Neue einführen, wie zum Beispiel Pluto/Anubis/Aurochs. Wenn Sie also noch Anfänger sind, überprüfen Sie genau, ob Ihre Arbeit sich nicht teilweise oder sogar ganz selbst aufhebt, und wenn Sie das Gefühl haben, von anderen unter Druck gesetzt zu werden, dann machen Sie diesen Druck mit dem entsprechenden Gegenstrahl unwirksam anstatt zu versuchen, zurückzuschlagen. Man sollte sich niemals auf einen absichtlichen okkulten Kampf einlassen. Die kosmischen Gesetze erlauben die Verteidigung, aber diese Gesetze verzeihen den alten militärischen Gedanken, daß Angriff die beste Verteidigung ist, NICHT.

Okkulte Ränge

Zuviel Unsinn ist bereits über dubiose okkulte Titel erzählt worden und darüber, was sie bedeuten, und es gibt sogar Leute, die naiv genug sind zu glauben, daß sie — wenn sie nur eine hübsche Summe an diese oder jene Organisation bezahlen — als Gegenleistung die Weisheit des Universums erhalten und darüberhinaus eine Schriftrolle, die ihnen bestätigt, daß sie zu den Besteingeweihten gehören oder sogar ein Ipsissimus (Grade des Wissens im *Order of the Golden Dawn.* Ipsissimus = 10° = Höchster Grad. Anm.d.Ü.) sind. Okkulte Sachkenntnis KANN NICHT GEKAUFT WERDEN und genausowenig gelehrt werden, wenn der Aspirant nicht das Seelenalter oder die Eigenschaft besitzt, die für den Pfad erforderlich ist. Wenn man eine Reihe von Pseudo-Prüfungen besteht, in denen die Kenntnis vom Aufbau dieses oder jenen Rituals verlangt wird, dann ist das KEIN FÜHRER zur wahren Weisheit. Weisheit und Wissen sind NICHT dasselbe, wenngleich es für einen angehenden Okkultisten oder Magier hilfreich ist, wenn er mit einem Horoskop geboren wird, das einen Grad von Intellektualität erkennen läßt oder zumindest die Fähigkeit, esoterische Kenntnisse und Erfahrungen, für die es keine Richtlinien gibt, in eine Sprache zu übertragen, die für den Mann auf der Straße oder die Menschen, deren Gestalt sie angenommen haben, um zu lehren oder helfen, verständlich ist.

Es hat wenig Sinn, zu großen mystischen Höhen aufzusteigen, wenn diese Erfahrung rein selbstsüchtig ist und in keiner Beziehung zu der Ära oder Zeitdimension steht, in der man inkarniert ist. Die wirklich großen Meister oder alten Seelen können die tiefsten und abstraktesten Konzepte in Begriffen übermitteln, die für jüngere Seelen leicht verständlich sind. ‹Wenn Ihr nicht werdet wie die kleinen Kinder...› undsoweiter. Meiden Sie also intellektuelle Turnübungen und halten Sie sich an einfache, unkomplizierte Prinzipien, die auf jede Stufe im Leben angewendet werden können und — wenn nötig, auch für die zeitlose Welt des Abstrakten gelten.

Festgesetzte Ränge wie die in dem berühmten *Order of the Golden Dawn* sind keine zuverlässigen Führer zu okkulter Tüchtigkeit oder Weisheit. Viele Logen haben ihr eigenes, individuell zugeschnittenes Rangsystem, aber wenn man in einem Orden zum Rang eines, sagen wir, Imperators aufgestiegen ist, dann heißt das noch nicht, daß man automatisch auf derselben Entwicklungsstufe steht wie jemand mit einem ähnlich betitelten Rang in einer anderen Loge. Es ist weit besser, man selbst zu sein und nicht zu versuchen, Phantasiediploma zu erringen, denn letztendlich wird Ihnen niemand einen spirituellen Ehrentitel für Weisheit verleihen. Das Universum funktioniert einfach nicht so.

Ausbildung in Geheimen Logen

Das System der Logen geht auf uralte Zeiten zurück, in denen gewisse Bereiche der Ausbildung als ungeeignet für jedermann angesehen und deshalb geheim gehalten wurden. Nach der Einführung des Christentums, als es gefährlich wurde, geheimnisvolle Praktiken öffentlich durchzuführen, aus Angst vor Verfolgung oder Inquisition, waren jene, die sich wünschten, okkulte Werke auszuführen, gezwungen, es heimlich zu tun, aus Angst um sich und ihre Familien. Über einen Zeitraum von vielen Jahren florierten geheime oder verborgene Orden. Aber nicht alle, die von der Geschichte als ‹okkult› eingestuft wurden, waren es tatsächlich, und so manche politische Intrige wurde innerhalb des *sanctum sanctorum* einer vermutlich magischen Sekte ausgebrütet.

Wir haben hier nicht den Platz, uns über die Geschichte der Geheimorden auszulassen, aber einer der berühmtesten und dunkelsten unter den vielen, die im achtzehnten Jahrhundert wie Pilze aus dem Boden schossen, waren die Illuminati. Unter der Leitung eines gewissen Adam Weishaupt wurde ein ganzes Netz fragwürdiger Verfolgungen ausgebreitet, und um Mittel für seine schändlichen Pläne aufzubringen, führte Weishaupt in seinem Logen-System einen speziellen Rang ein, der den privilegierten Schüler mit dem Titel des ‹Scottish Knight› (schottischer Ritter) auszeichnete. Dieser Rang wurde für jene reserviert, die zwar materiell reich, aber medial oder okkult nutzlos waren, und es muß wohl nicht erst betont werden, daß eine Menge Lobhudelei damit einherging. Da jeder ‹Scottish Knight› bei der Einweihung Schweigen geloben mußte, hielt sich jeder von ihnen für den Einzigen, der auf diese Weise ausgezeichnet worden war und leistete eine großzügige Spende aus Dankbarkeit dafür, spirituell so hoch geschätzt zu werden! Mir scheint, daß dies heutzutage sein Echo in den Anzeigen findet, in denen für eine größere Summe sofortige Weisheit versprochen wird.

Innerhalb der vielen Systeme und Traditionen gibt es unzählige Logen, aber sie sind nur selten so, wie die Romantiker es sich vorstellen. Heutzutage ist es schwer, eine gute Loge erfolgreich zu leiten, sowohl aufgrund der Anspannung im alltäglichen Leben als auch, weil die meisten Menschen auf die eine oder andere Art arbeiten und den okkulten Praktiken nicht so viel Zeit widmen können wie die Angehörigen der privilegierten Klassen vor ungefähr einem Jahrhundert. Kleinliche Eifersüchteleien florierten innerhalb der Logen, und das bekräftigt wieder das alte okkulte Sprichwort, das sich häufig in den Schriften findet: Um eine Loge zu ruinieren oder zu zerbrechen, werden die besten Schläge von innen heraus geführt, wie in der Bibel, wo der starke Mann oder Haushaltsvorstand erst gefesselt werden muß, ehe man seinen Machtbereich übernehmen konnte. Teuflische Kräfte, die aus anderen Dimensionen arbeiten, oder die verdächtigen Absichten rivalisierender Praktiker können das gute Werk einer Loge am besten zerstören, indem sie dort eindringen und Zwietracht und Zerstörung unter den Mitgliedern säen. Das geschieht tatsächlich, und die Autorin dieses Buches hat Erfahrungen aus erster Hand damit.

Um also jene Gefahren zu meiden oder sich auf okkulte Weise gegen unerwünschte Ausstrahlungen zu schützen, vergewissern Sie sich, daß die Menschen, die Sie einladen, Ihrer Loge beizutreten, sich entweder auf denselben Wellenlängen befinden wie Sie und nicht stark mit einem Gegenstrahl verbunden sind; oder lassen Sie Ihren Kristallseher einen Blick in ihre evolutionäre Vergangenheit oder ihre kosmischen Ursprünge werfen, um festzustellen, wo sie ihr Handwerk erlernt haben. Diejenigen, die ursprünglich in den Tempeln von Heliopolis ausgebildet wurden, würden es so wahrscheinlich nicht leicht finden, harmonisch mit jemandem zusammen zu arbeiten, der gemäß der hebräischen Tradition angeleitet wurde. Nur mit alten Seelen, die sich über alle irdischen Systeme erhoben und einen Grad kosmischen Bewußtseins erreicht haben, wird trotz der vergangenen Glieder des Karmas Harmonie erreicht werden.

Jede Loge, die korrekt und diszipliniert geführt wird, kann zufriedenstellend funktionieren, solange die Ausstrahlungen ihrer Mitglieder miteinander harmonisieren. Eifersucht, Ablehnung, Egotrips, Machtsuche und dergleichen bedeuten einen weit geöffneten Sesam für böse Einflüsse, denn vergessen Sie nicht, das Böse kann nur solange existieren, wie es genährt und regelmäßig gefüttert wird. Wenn eine Gruppe von Menschen, die alle für sich starke Persönlichkeiten besitzen, versucht zusammen zu arbeiten, dann ist es mehr als wahrscheinlich, daß es früher oder später zu einem Zusammenprall der Willenskräfte kommt. Die wahre alte Seele weiß, wie sie ihr Ego zum Wohle des Ganzen unterdrücken kann. Nur junge Seelen versuchen, ihre Persönlichkeiten auf Kosten der Harmonie zu fördern. Die alte Seele hat bereits alles an Egotrips gesehen und durchgemacht, sie muß weder sich noch anderen etwas beweisen. Wenn also das Böse durch die Tür des Stolzes eindringt, um anzugreifen, wird eine solche Seele sich ruhig zurückziehen und die Gesetze des Karmas mit der Situation fertig werden lassen.

Es wird viel von solchen Dingen wie einem speziellen Händeschütteln in der Loge, Codewörtern undsoweiter geredet. Viele Orden des neunzehnten Jahrhunderts hatten derartige Zeichen, ursprünglich um Verfolgungen zu vermeiden, und einige freimaurerische Einrichtungen haben daran bis zum heutigen Tage festgehalten. Bedeutsames Händeschütteln gibt es auch bei Hexenkulten und unter pantheistischen Gruppen, wenngleich ihre ursprüngliche Bedeutung unklar ist: ein Phänomen, vergleichbar mit jenen Geschichten, die bei Parties von Mund zu Mund gehen und deren Ende dann immer sehr wirr ist. Was nun die ‹Rufcodes› angeht, so habe ich selbst einen davon verwendet und in einer Phase von Streß und Angriffen mit erstaunlichem Ergebnis dazu Zuflucht genommen. Mein SOS wurde aufgefangen, aber ganz und gar nicht von der Person oder den Personen, die ich mir vorgestellt hätte.

Ich arbeitete zu jener Zeit mit dem ägyptischen System und fand heraus, daß die stärkste Reaktion und Unterstützung von Hexen und pantheistischen Gruppen kam, was mir etwas Wesentliches über die Zusammengehörigkeit von Strahlen zeigte. Ich finde, daß die christliche Tradition sich nicht sehr gut an die ägyptische angleicht, auch wenn wir aus der Geschichte lernen, daß der Großteil des Essenismus aus der Gegend um den Nil zu uns gedrungen ist, wohingegen die nordische Magie gewiß nicht mit ihrer ägyptischen Cousine streitet, trotz der Entfernung zwischen den Ursprungsländern.

Kabbalistische Logen scheinen der christlichen Tradition anpassungsfähig zu sein, was ja nur logisch ist, wenn man darüber nachdenkt, aber östliche und westliche magische Codes sind einander nicht immer leicht anzugleichen. Also, meine lieben Möchte-gern-Logen-Führer, versuchen Sie, das Mischen von Öl und Wasser zu meiden, und Sie werden es leichter finden, einen sicheren Kurs durch die unruhigen Gewässer des irdischen Ego zu steuern.

KAPITEL
11

Elementargeister und Denkformen

Es gibt einige Unklarheiten der Begriffe, wenn es um die Ausdrücke Elementargeist und unentwickelter Geist geht. So, wie ich es verstehe, ist der unentwickelte Geist ein weniger evolviertes Wesen, wahrscheinlich aus der Sphäre vormenschlicher Lebewesen oder einer anderen Zeitdimension, die ihm bislang noch nicht die Gelegenheit geboten hat, in seiner Evolution voranzukommen. Einige Okkultisten verwenden diesen Begriff, wenn Sie Denkformen beschreiben, die durch die Verwendung von magischen Anrufungen und den Willen entstehen, aber ich gehöre nicht zu ihnen.

Elementargeister dagegen sind, meiner Meinung nach, Geister der vier Elemente Feuer, Wasser, Luft und Erde. Diese fasse ich unter der Kategorie der Dewa-Königreiche zusammen, denn man hat mich gelehrt (und ich glaube es noch immer), daß sie sich über eine Reihe von Erfahrungen entwickeln, die einzigartig für ihre Art sind, bis sie schließlich ihre vierfache Natur erreichen und zu den engelhaften Königreichen aufsteigen. Die Geister des Feuers wurden von den Alten ‹Salamander› genannt; die des Wassers ‹Undinen›, der Luft ‹Sylphen› und die der Erde ‹Gnome›.

Jedem Element werden spezielle Eigenschaften in menschlichen Begriffen zugeordnet. Die Salamander werden mit Kreativität assoziiert, mit Heftigkeit, ungezügelter Energie, mit Tapferkeit und Loyalität; die Undinen mit den Emotionen, Gefühlen, mit Einfühlungsvermögen, Verständnis und Mitgefühl; die

Sylphen mit Intellekt, Schnelligkeit, Kommunikation, Unvoreingenommenheit, Erfindungsgabe; und die Gnome schließlich mit Sparsamkeit, Bereicherung, Rcichtum in allen Formen, mit der Bewahrung und dem praktischen Wissen. Die vier psychologischen Typen, wie Hippokrates sie umrissen hat, werden ebenfalls mit den Elementen in Verbindung gebracht, und zwar folgendermaßen: Feuer — der Sanguiniker; Wasser — der Phlegmatiker; Luft — der Choleriker; Erde — der Melancholiker.

Die Geister der Elemente sind ein wesentlicher Schlüssel in der okkulten Entwicklung, nicht nur, weil es ein wesentlicher Bestandteil bei jeder rituellen Prozedur ist, sie anzurufen, sondern weil der Sinn der Initiation überhaupt darin besteht, die menschlichen Charakterzüge, die mit jedem Element in Verbindung gebracht werden, zu bezwingen. Da wir alle Individuen sind, wird das eine oder andere Element in unserem psychologischen Make-up vorherrschen. Vielleicht sind wir intensiv, loyal und kreativ wie der Salamander, oder praktisch und vorsichtig wie die Gnome. Welche elementare Eigenschaft auch immer die stärkste und am festesten in unserem Charakter verhaftete ist, sie wird der entscheidende Faktor dafür sein, welcher Elementargeist uns auf dem Pfad der Magie begleitet, denn wenn der Okkultist etwas taugt, dann wird das geschehen.

In früheren Zeiten wurde gelehrt, und viele glauben noch heute daran, daß, wenn eine alte Seele den Pfad betritt, ihr erster Begleiter ein unentwickelter Geist sein wird, der sie freiwillig bewacht und ihr bei ihrer Arbeit und ihren Studien hilft. Ich habe festgestellt, daß das vollkommen wahr ist, obwohl ich nicht den Anspruch erhebe, ‹alt› oder ‹weise› zu sein. Mein eigener erster Begleiter war ein Salamander, der mich einmal vor etwas bewahrt hat, das zu einem heftigen *physischen* Angriff während der Reise hätte werden können.

Wenn man sich entwickelt und mit jenen Zügen in sich abfindet, die sich auf jedes Element beziehen, dann, so heißt es, erlangt man seine vierfache Natur. Danach sind keine weiteren Inkarnationen in fester Materie notwendig, außer bei den Kapazitäten unter den Lehrern.

So, wie mit jedem Element positive Charakterzüge assoziiert werden, gibt es natürlich auch negative Aspekte. Negative Salamanderenergien sind: destruktiv, herrisch, feige und treulos; negative Energien bei den Undinen sind mißbrauchte Sexualität, Unaufrichtigkeit, Selbstsüchtigkeit und falsche Spiritualität; bei den Sylphen sind die negativen Energien Pseudo-Intellektualität, List, Grausamkeit und Instabilität; und bei den Gnomen Geiz, Sturheit, Knauserigkeit und Liebe zum Reichtum um seiner selbst willen. Augenscheinlich gibt es viele Variationen zu jedem Thema, aber die Prinzipien sind dieselben.

Einige Magier versuchen sich daran, die Elementargeister anzurufen, damit sie ihre Wünsche erfüllen, noch EHE sie die Prinzipien des betreffenden Elementes beherrschen. Das wird immer Probleme verursachen, da Elementargeister nicht gern jenen dienen, die sie verachten, weil sie die Herrschaft über ihre Königreiche nicht durch initiatorische Mittel erlangt haben, weder in der Schule des Lebens noch durch okkulte Disziplinen. Es ist NICHT immer notwendig, eine ganze Reihe mystischer ‹Beförderungen› zu durchlaufen, um elementare Eigenschaften zu erlangen. Eine solche Leistung kann ebenso leicht in jedem Bereich menschlichen Bemühens erreicht werden, der einen Beitrag zum kosmischen Gesetz oder der Ausdehnung des spirituellen Verständnisses auf diesem Planeten (oder in irgendeiner anderen Zeitdimension oder einem anderen Planeten) leistet.

Mein lieber Student des Okkulten, wenn Sie also sicher gehen und Rückschläge vermeiden wollen, dann verhalten Sie sich Ihren Brüdern, den Elementargeistern, gegenüber nicht hochmütig, sonst schlägt die Windrichtung irgendwann um, und Sie fragen sich, was Sie getroffen haben mag. Die Geister der Elemente gewinnt man am ehesten durch Liebe, Freundschaft und Anerkennung. Wenn sie sich entschließen, Ihnen zu helfen, dann danken Sie ihnen. Nichts im Universum sollte jemals als selbstverständlich hingenommen werden. Ob Sie es nun glauben oder nicht, die guten Manieren waren nicht ausschließlich das Vorrecht der viktorianischen Zeit, ebensowenig wie Liebe, Sympathie und Verständnis zu einer bestimmten Zeit in der Geschichte der Erde gehören. Sie alle sind Bestandteil des kosmischen Gesetzes.

Als ich mit einer bekannten okkulten Gruppe zusammen gearbeitet habe, war ich immer wieder erstaunt, wie vielen Menschen, die sich selbst als ‹spirituell› bezeichneten, die einfache Höflichkeit mangelte, sich für einen Brief, eine Gabe, eine Sitzung kostenloser Heilung oder das Werk wahrhafter Seelen zu bedanken. Spiritualität nur auf einer Ebene, das heißt Prahlen mit dem Vorzeigen einer ‹heiliger als Sie› -Haltung, fremd wirkender Kleidung undsoweiter ist eine falsche Flagge, unter der man segelt. Früher oder später bricht diese Haltung auseinander, weil die feste Grundlage von Liebe, Wärme und Verständnis fehlt. Mein lieber Student, wenn Sie also die nach unten gerichtete Spirale des Egoismus und die damit einhergehenden Einflüsse meiden wollen, dann versetzen Sie sich einmal an die Stelle der anderen und fragen Sie sich, wie SIE sich fühlen würden, wenn man Sie so behandelte. Die Indianer sagen weise: «Wie willst Du den Schmerz im Fuß Deines Bruders spüren, wenn Du nicht seinen Mokassin trägst?»

Denkformen

Was genau ist eine Denkform? In erster Linie ist es eine ‹Tasche› für die beseelte Energie. Die Alchemisten des Altertums arbeiteten an der Erschaffung eines *Homunkulus* oder künstlichen Menschenwesens, von dem sie hofften, es auf irgendeine Weise beseelen und auf diese Weise die Kraft der Schöpfung beherrschen zu können. Das ist den modernen Experimenten in der Gentechnologie nicht unähnlich, außer daß die Wissenschaftler glücklich zu sein scheinen, allem Zugang zu gewähren, was eindringen möchte, denn sie erkennen nicht unbedingt an, daß alle Lebensformen von einer Gedankenantriebskraft begleitet sind, die wir Esoteriker (und auch die meisten religiösen Menschen) einen Geist nennen.

Aber Okkultisten haben normalerweise nichts mit genetischer Forschung, mit Klonen oder ähnlichen physischen Bravourstücken zu tun; die Denkformen, die mit psychischen Phänomenen verbunden sind, sind gewöhnlich Energietaschen, die vom Schöpfer mit einem gewissen Grad an Intelligenz versehen sind, oder mit den Eigenschaften eines individuellen Wesens. Kosmische Energie kann durch ein Ritual oder durch Gedankenkraft erzeugt werden, wie ich bereits beschrieben habe. Der Praktizierende kann diese Energie dann so lenken, daß sie sich auf eine Art und Weise verhält, die dem menschlichen Benehmen gleichkommt. Denkformen können entweder absichtlich oder zufällig manifestiert werden. Im zweiten Fall können sie das Ergebnis negativer Energien wie Frustration, Haß, Eifersucht oder Zerstörungswut sein.

Nehmen wir ein Beispiel. Miss Smith befindet sich in einer Gruppensitzung, die als Resultat ihrer Arbeit einen gewissen Grad an kosmischer Energie angezogen hat. Nun verliebt sich Miss Smith in Mr. Brown aus derselben Gruppe, aber Mr. Brown zieht Mrs. Jones vor, die auch in der Gruppe ist. Miss Smith bemüht sich verzweifelt, ihre Enttäuschung zu begraben, aber im Laufe einer Sitzung, als die Kraft sehr stark strömte, übermannten ihre Gefühle sie, und sie ließ ihren Gedanken des Hasses und allem Negativen gegen Mrs. Jones freien Lauf. Diese Gedanken sind so stark, daß sie die anwesende Kraft heimsuchen, und das Ding machte sich an Mrs. Jones fest. So wurde zufällig ein künstlicher Elementargeist oder eine Denkform geschaffen.

Mrs. Jones fängt nun vielleicht an, Unbehagen zu verspüren. Vielleicht läßt ihre Gesundheit nach, oder in ihrem Alltagsleben hat sie immer wieder Pech. Wenn nicht jemand in der Gruppe sich der Anwesenheit von Miss Smiths Denkform bewußt wird und sie löst, wird es überall Probleme geben. Sehen Sie, die Denkform muß sich an irgend etwas nähren, also zerrt sie an ihrem Schöpfer, Miss Smith, die allmählich anfängt, den Druck zu spüren. Ebenso gut holt sie sich vielleicht auch aus den Arbeiten der Gruppe, was sie benötigt, bringt die Sache für alle Beteiligten in Probleme und sorgt wahrscheinlich dafür, daß sich die Gruppe auflöst, indem jedes Mitglied langsam unzufrieden, eifersüchtig wird oder an unwichtigen Dingen herumnörgelt.

Wie sollte ein Gruppenleiter nun mit dieser Situation umgehen? Behalten Sie im Auge, daß es sich um einen Gedanken von Miss Smith handelt, plus einer Tasche kosmischer Energie, die das Böse erschaffen haben. Offensichtlich muß man ihm also auf seiner eigenen Ebene begegnen: mit Hilfe der Gedankenkraft und in Übereinstimmung mit dem Gesetz der Gleichheit. Nehmen wir einmal an, daß der Gruppenleiter nach diesem okkulten Gesetz mächtiger ist als Miss Smith. Er wird ihre Denkform auflösen, indem er die Energie zur Quelle ihres Ursprungs zurückführt (in den Anfangstagen meines Studiums bezeichnete man das als Zurücksendung der Dinge in ihre rechtmäßige Sphäre von Aktivität oder Evolution) und Miss Smiths ursprünglich negativer Gedanke auf Miss Smith zurückfällt. Das letztere muß mit größter Vorsicht durchgeführt werden, so daß es als Lektion wieder von ihrer Aura absorbiert wird, und nicht einfach zurückkatapultiert wird, denn das könnte einen Schock bedeuten. Es ist alles eine Sache okkulten Heilens.

Nachdem wir uns nun damit befaßt haben, wie man vorgehen muß, um eine ungewollte Denkform aufzulösen oder fortzuschicken, wie geht man vor, um eine zu schaffen? Mein sofortiger Rat wäre ‹tun Sie es nicht, es gibt überhaupt keinen Grund, so etwas zu tun› . Aber es gibt Okkultisten, die an dieser Praktik arbeiten. Wenn Sie also darauf bestehen, diese Straße zu überqueren, dann ist es besser, wenn Sie auch lernen, auf den herannahenden Verkehr zu achten. Moralische Magier rufen Energien oder Kräfte herbei und beseelen sie mit einem Gedanken-Wesen mit der Vorstellung, einen geliebten Menschen, Besitz, Orte, die den Göttern heilig sind, undsoweiter zu beschützen. Die alten Ägypter waren darin sehr groß; den Beweis dafür erbringen heute noch die Rückschläge, die die pietätlosen Personen erlitten haben, die es wagten, gewaltsam in gewisse Gräber einzudringen. Die alten ägyptischen Priester setzten am liebsten elementare Geister zu diesem Zwecke ein, besonders Feuergeister, weshalb so viele der Menschen, die in heilige ägyptische Orte eingedrungen sind, ein feuriges Ende gefunden oder schwere Unfälle erlitten haben. Aber es gab auch jene, die Denkformen oder ‹künstliche Elementargeister› einsetzten, und in diesem Zusammenhang beziehe ich mich nicht auf die Geister der Elemente.

Der *Modus operandi* für das Schaffen und Beseelen von Denkformen umfaßt einfach das Anziehen und Erzeugen subtiler Energien, die dann in die Form eines Wesens modelliert und mit individuellen Eigenschaften versehen werden, für gewöhnlich eine Essenz des Magiers; oder aber er ermutigt einen anderen körperlosen Geist oder eine fremde Intelligenz, die Macht auf vorübergehender Basis zu benutzen. Meiner bescheidenen Meinung nach ist das ein gefährliches Unterfangen und ein vollkommen unnötiges noch dazu. Man kann mit magischen Mitteln Schutz erzeugen, ohne zu derlei Maßnahmen zu greifen. Hinzu kommt, daß es, wenn diese Wesen erst einmal aktiviert worden sind, schwer werden kann, sie aufzulösen, wenn ihr Schöpfer stirbt oder den Kontakt verliert, und so können sie sich tatsächlich als Problem erweisen. Bei allen okkulten Taten gilt das Gesetz der Gleichheit; es ist also ein Okkultist gleicher Macht nötig, oder ein noch mächtigerer als der Schöpfer, um den unerwünschten ‹Gast› fortzuschicken und den *Status Quo* wieder herzustellen.

Da die Zeit in der nächsten Dimension nicht genauso existiert wie hier, kann eine Denkform, wenn sie erst einmal erschaffen wurde, jahrhundertelang nach irdischer Zeit bestehen und ein wirkliches Ärgernis darstellen, bis ein mächtiger Praktiker kommt, sie erkennt und freisetzt. Diese letzten Bemerkungen beziehen sich natürlich nur auf die Verkapselung eines tatsächlichen Geistes in einem falsch erschaffenen Energiefeld und nicht unbedingt auf eine Denkform, die einfach von jemandem in Gang gesetzt wurde, der Leben aus der eigenen persönlichen Psyche in sie hineingedacht hat. Die alten arabischen Geschichten von dem in einer Flasche eingesperrten Genius (Schutzgeist) sind wahr und sind tatsächlich nichts anderes als die Erinnerungen eines ganzen Volkes an Kenntnisse, die die Ägypter vor Jahrhunderten besessen haben. Das dankbare Genie tat dem Menschen, der so freundlich war, ihm seine Freiheit zu schenken, viele Gefallen, sobald es erst einmal aus der Flasche befreit war, und auch das ist wahr. Ich habe persönlich einen gefangenen Elementargeist (einen Geist der Elemente und nicht eine künstliche Denkform) befreit und viel Hilfe und Zuneigung durch ihn erhalten.

Die Ägypter liebten besonders die Salamander, wie ich bereits erwähnt habe, und in den arabischen Geschichten war der befreite Genius unweigerlich ein Djinn. In der okkulten Kunde war ‹Djin› der Name, den man dem König der Elementargeister des Feuers verlieh, der in den feurigen Regionen hauste, wie es der Abbé de Villars und andere Schriftsteller des 17. und 18. Jahrhunderts zu diesem Thema schrieben. Es ist also besser, die Elementargeister direkt um Schutz zu bitten, als herumzuspielen und zu versuchen, falsche kosmische Wirkungen zu schaffen. Wenn die Bitte mit Liebe und Ernst vorgetragen wird, wird sie beantwortet werden, und ein beseelender Prozeß ist weder notwendig noch ethisch korrekt.

Wie man Erscheinungen hemmt

Ich werde oft gefragt, wie man etwas Erschreckendes daran hindern kann, sich zu manifestieren, wenn man es lieber nicht will. Was mich an eine lustige Geschichte erinnert. Ich kannte vor ein paar Jahren ein weibliches Medium, das eine Menge öffentliche Arbeit leistete, aber mehr auf inspirativer als auf experimenteller Ebene. Eines Abends, so erzählte sie mir, als sie sich auszog, um zu Bett zu gehen, spürte sie plötzlich, wie sich eine immense psychische Kraft in ihrem Kleiderschrank aufbaute. Sie war überzeugt, daß eine Materialisierung irgendeiner Art bevorstand und daß sie nur den Schrank öffnen mußte um... was?... zu sehen. «Was haben Sie getan?» fragte ich neugierig. Sie zögerte verlegen, ehe sie antwortete: «Ich bin ins Bett gesprungen, habe voller Entsetzen die Decke über den Kopf gezogen und es aufgefordert, zu gehen...»

Diese Reaktion muß typisch für viele von uns sein, die von der Existenz intelligenter Wesen oder geistigem Leben nach dem Tode überzeugt sind, oder von der Existenz von Wesensformen ohne physischen Träger, die aber Angst davor haben, diesen tatsächlich von Angesicht zu Angesicht gegenüberzustehen. Ich kann nicht behaupten, daß ich selbst gerade scharf auf gespenstische Heimsuchungen wäre. Ich war einmal in einem vornehmen Haus im Norden Englands eingeladen, von dem es hieß, daß es SEHR darin spukte. Bei meiner Ankunft ziemlich spät am Abend wurde ich informiert, daß meine Gastgeber leider noch aufgehalten worden wären. Es hätte sich nicht vermeiden lassen, und sie kämen am folgenden Tag, aber ein älterer Diener würde es mir im Westflügel bequem machen und am Morgen wiederkehren, um mein Frühstück zuzubereiten.

Als ich die geschwungene Treppe hinauf und einen, wie es schien, endlosen Korridor entlang geführt wurde, spürte ich plötzlich Geisteraugen, die mich beobachteten. Ich wurde in mein Zimmer geführt, eine riesige, aber herrlich ausgestattete Suite, und man wünschte mir eine gute Nacht. Im angrenzenden Badezimmer befand sich eine Wanne, deren Proportionen dem Rest der Umgebung angeglichen waren, und als ich den riesigen Hahn aufdrehte, paßten das Gurgeln und Klappern, das das Nahen des warmen Wassers ankündigte, bestens in einen Horrorfilm der Spätvorstellung.

Ich nahm ein Bad und schickte mich an, zu Bett zu gehen. Aber ehe ich mich niederlegte und das Licht löschte, zog ich im Geiste einen Kreis aus Licht, den ich von meinem Bett weit ins Zimmer hinein ausdehnte. Aus diesem Kreis heraus wandte ich mich dann an jene, von denen ich wußte, daß sie dicht an seinen Grenzen gegenwärtig waren: ‹So, Ihr alle, ich weiß, daß Ihr da seid, und das hier ist auch Euer Reich, und ich bin der Gast; gewährt mir also freundlicherweise die Privilegien eines Gastes, nämlich eine ruhige, ungestörte Nachtruhe; keine Erscheinungen, ich möchte keinen von Euch in körperlicher Gestalt sehen, denn ich bin vollkommen in der Lage, Euch mit meinem geistigen Auge zu sehen, wenn ich das wünsche. Ich wünsche Euch allen höflich und mit aller Hochachtung vor Eurem Rang und Eurer Würde eine gute Nacht.› Danach erhob ich die Atmosphäre innerhalb meines Kreises auf eine Ebene, die Erscheinungen hemmen würde, und genoß eine ungestörte Nacht.

Ich höre schon jemanden fragen: ‹Was meint sie damit, wenn sie sagt, sie erhob die Atmosphäre auf eine Ebene?› Was ich meine ist folgendes: für alles gibt es eine angenehme Ebene der Vibration oder Frequenz. Materie manifestiert sich auf eine Frequenz, Erscheinungen psychisch-geistiger Natur auf einer anderen, reine Gedanken wieder auf einer anderen. Oder, wenn Sie es lieber auf wissenschaftliche Weise angehen, lassen Sie uns auf Röntgenstrahlen und Gammastrahlen zurückgreifen. Man kann sie nicht sehen, aber sie können von einer Maschine erzeugt werden, und diese Maschine kann abgestellt werden, so daß sie sich nicht manifestieren können, so lange nicht ihre bestimmte Energiefrequenz erzeugt wird. So ist es auch mit psychischen Erscheinungen. Mit Hilfe des ausgebildeten Verstandes, oder durch erlernte Denkprozesse, kann man eine Atmosphäre aufbauen, die physische Manifestationen ermutigt, oder eine geistige Energie erzeugen, die sie verhindert. Ungläubige oder Zweifler erzeugen häufig unbewußt die letztere.

Ich habe Erfahrungen in Sitzungen mit bestimmten, auserwählten Personen, die psychische ‹Höhe› ohne Beschwerden ertragen können. Man kann eine hohe psychische oder okkulte Vibration im Geiste erzeugen, aber auch hier mache ich mir Gedanken wegen der Terminologie, denn eigentlich ist es nicht ‹hoch› oder ‹tief›, sondern ‹schnell› oder ‹langsam›. Je schneller die Ausstrahlungen, desto schwerer wird es für die Teilnehmer der Sitzung, damit umzugehen, und desto schwieriger wird es auch für alles, das sich materialisieren will. Ich habe tatsächlich beobachtet, wie ein psychisches ‹Hoch› Kopfschmerzen verursacht hat, Unsicherheit und die Art von Nebeneffekten, wie man sie normalerweise findet, wenn jemand Röntgenstrahlen ausgesetzt ist. Das gilt besonders für den Umgang mit dem Bereich der Elementargeister; so kann zum Beispiel nicht jeder mit den Elementargeistern des Feuers oder Salamandern umgehen.

Bei der rituellen Magie bin ich Zeuge geworden, wie Studenten große Schwierigkeiten mit dem einen oder anderen Element hatten. Eine Dame, die ich kannte, konnte nicht mit den Sylphen umgehen, ein Problem, das sie zufällig mit Dion Fortune teilte. Jedes Mal, wenn sie sie anrief, wurden Kerzen ausgeblasen, Vorhänge teilten sich, elektrisches Licht flackerte, undsoweiter. Jemand anderes, den ich kannte, schaffte es nicht mit den Salamandern, eine ganze Reihe von Sicherungen brannte durch, Essen brannte an und ähnliches. Wieder ein anderer Freund von mir leidet unter Problemen mit dem Wasser. Sie sehen also, nicht jeder ist für jeden Bereich der Magie geeignet, womit wir wieder zu unserem Vergleich zurückkehren, ein Loch in der Gasleitung mit einem brennenden Streichholz zu suchen. Das Okkulte bringt Schwächen an den Tag, und wir alle haben sie irgendwo in unserer Persönlichkeit, sonst hätten wir es nicht nötig, hier auf der Erde zu sein, um zu leben.

Um eine Atmosphäre hoch genug zu erheben oder schnell genug zu machen, um Erscheinungen zu verhindern, kann man entweder reine Gedankenkraft verwenden (was ich für das Effektivste halte), oder aber auf ein Ritual zurückgreifen, das entworfen wurde, um für einen festgesetzen Zeitraum alles aus einem bestimmten Gebiet herauszuhalten.

Entlassungen

Einer der Fehler, die vom Anfänger im magischen oder okkulten Bereich am häufigsten gemacht werden, ist es, eine Macht oder Energie anzurufen und sie dann nicht plazieren zu können. Manche Leute finden es lustig, einfach beisammen zu sitzen und als eine Art von Gruppen-Kraftwerk zu fungieren. ‹Himmel, was haben wir für eine tolle Kraft erzeugt!› jubeln sie, und dann fangen sie sofort an, bei Tee und Gebäck über die Angelegenheiten des Tages zu schwatzen. Was aber passiert mit der erzeugten Kraft? SIE MUSS SICH IRGENDWOHIN WENDEN. Wenn man eine kosmische Energie befehligt, anruft oder erweckt, oder auch eine archetypische Kraft, ein körperloses Wesen oder eine externe Intelligenz, dann muß man sie entweder unterbringen oder entlassen.

Geister der Elemente, die im Laufe ritueller Magie angerufen worden sind, sollten angemessen in alle vier Himmelsrichtungen entlassen werden, damit sie MIT DANK UND LIEBE zu ihrem Gruppenelement zurückkehren können. Sie sollten niemals einfach sich selbst überlassen bleiben. Energien, die angerufen wurden und dann unbenutzt bleiben, werden sich, wie ich bereits erklärte, an diejenigen heften, die die besten Medien in der Nähe sind oder mit denen sie sich verbunden fühlen, und das könnte schlaflose Nächte, Alpträume, Kopfschmerzen, unerklärliche Krankheiten undsoweiter bedeuten.

Wenn Sie also Sylphen, Salamander, Gnome oder Undinen um Hilfe bitten, dann SAGEN SIE ‹DANKE› und bitten Sie sie, im Geist der Liebe zu ihrer eigenen Art zurückzukehren. So einfach ist das. Und wenn Sie merken, daß sich eine dichte psychische Atmosphäre aufgebaut hat, wenn Sie in einer Gruppe gleichgesinnter Menschen sitzen, dann verwenden Sie sie um Himmels Willen zum Guten von Etwas oder Jemandem. Es gibt gewiß einen kranken Menschen, den Sie kennen, oder jemanden mit einem Problem, der gerade dann ein wenig Unterstützung gebrauchen könnte.

Ist Ihnen jemals aufgefallen, wie es ist, wenn mehrere Menschen zusammen um ein Feuer sitzen, bei dämmriger Beleuchtung, und dann anfangen, von gespenstischen Dingen zu reden? Irgendwie gewinnt die Atmosphäre Kraft, und ein vertrautes Geräusch wie das Gurgeln in einer Wasserleitung nimmt ernste Untertöne an und läßt jeden zusammenfahren. Es passiert nichts weiter, als daß die gemeinsame Gedankenkraft der Anwesenden, die sich alle mit Erscheinungen beschäftigen, tatsächlich einen fruchtbaren Boden für eine Manifestation hervorbringt. Genau dann passiert es auch, daß die Tassen aus dem Schrank hüpfen oder daß der Geist vom verstorbenen Onkel zu klopfen anfängt. Mit anderen Worten, es liegt alles im Verstand!

Vakuen

Die Natur verabscheut ein Vakuum, behaupten die Wissenschaftler, und das gilt gleichermaßen für okkulte wie magische Angelegenheiten. Sollten Sie jemals zum Exorzismus zurückgreifen, um einen Raum von unerwünschten Ausstrahlungen oder ein Individuum von einer Verbindung zu befreien, dann HINTERLASSEN SIE AUF KEINEN FALL EIN VAKUUM. Füllen Sie es mit etwas, das der Person oder Umgebung angemessen ist. Wenn Sie zum Beispiel gebeten werden, die Atmosphäre in einem Haus zu reinigen, in dem es mehrere kleine Kinder gibt und die Eltern, wenn sie vielleicht auch keine Religion praktizieren, doch christlich orientiert sind, dann rufen Sie einen Strahl an, der dieser Familie harmonisch gegenübersteht, sobald sie den Ort von den unerwünschten Strahlungen gereinigt haben. Ich denke da an die Jungfrau Maria für ein katholisches Haus oder einfach an das christliche Kreuz.

Versuchen Sie nicht, etwas Aufreizendes herbeizurufen, besonders, wenn Teenager in der Nähe sind, und vergessen Sie nicht, daß manche östlichen Vibrationen für den durchschnittlichen Bewohner der westlichen Welt dazu neigen, mystische Gedankenmuster zu schaffen, die zwar gut zum Meditieren sind, aber nicht immer hilfreich im alltäglichen Leben. Das Beste ist es, einige Zeit damit zu verbringen, sich mit den Bewohnern zu unterhalten, um herauszufinden, was für sie am besten ist. Wenn sie traurig und deprimiert sind, würde ihnen eine fröhliche Atmosphäre am dienlichsten sein, während bei Menschen, die hyperaktiv, nervös oder zu sehr angespannt sind, beruhigendere, besänftigendere Wellen besser geeignet wären. Wenn Sie sich Ihrer Ausstrahlungen nicht sicher sind, verwenden Sie Farben, denn eine Farbe erweckt automatisch die archetypische Kraft, mit der sie verbunden ist.

Blau- und Grüntöne sind beruhigend und stimmen überein mit den ägyptischen Göttinnen Isis und Nephthys. Die Königreiche der Natur im Pantheismus entsprechen den Grün- und Brauntönen der Erde, während die anregenden Rot- und Purpurtöne zu Geburah (5. Sephira = Strenge; Anm. d. Ü.) und Chesed (4. Sephira = Gnade, Liebe; Anm. d. Ü.) in der kabbalistischen Tradition oder zu Ares und Zeus bei den Griechen gehören. Gold und Orange betrifft in allen Systemen die Sonnengötter; es sind immer heilsame und kräftigende Farben. Aber was immer Sie auch tun, REINIGEN SIE NIEMALS EINFACH EINE ATMOSPHÄRE UND LASSEN EINE LEERE ZURÜCK. SETZEN SIE EINE NEUE ATMOSPHÄRE EIN, DIE RICHTIG IST FÜR JENE, DIE DEN ORT BENUTZEN, soweit Sie in der Lage sind, das zu beurteilen.

Die Heilige Schrift berichtet von den Gefahren, einen bösen Geist zu entfernen oder die Tür offen zu lassen, so daß ‹sieben weitere eindringen› können, und dieses Prinzip des Vakuums gilt ebenso stark für die Psychologie des Alltagslebens. Meine kluge alte Erzieherin hat immer gesagt: ‹Der Teufel findet auch Arbeit für untätige Hände› .

KAPITEL
12

Exorzismen

Dies ist KEIN Lehrbuch über magische Praktiken und Verfahren, mein Rat muß also lauten: Wagen Sie sich nicht an Exorzismen, weder an Orten noch bei Menschen, solange Sie nicht bis zu einem Punkt ausgebildet sind, an dem Sie genau wissen, was Sie tun, und den Leidenden nicht noch größere Probleme verschaffen, als sie sie bereits haben. In der Presse ist häufig von Menschen berichtet worden, die an einer Geisteskrankheit litten und zu Exorzisten gebracht wurden, und die dann am Ende sich selbst und *nebenbei* noch ein paar anderen Menschen das Leben genommen haben. Nicht in jedem Fall von Geisteskrankheit ist ein Mensch besessen, wie ich bereits ausgeführt habe. Die arme Seele, deren Gehirn leicht mißgebildet ist, behauptet vielleicht nachdrücklich, daß sie Dämonen sieht, aber dabei handelt es sich einfach um die Fehlfunktion ihrer Vernunft.

Okkultes Heilen ist ein hoch spezialisierter Bereich, und wenn Sie nicht fähig sind, eine Diagnose *außerhalb* der Aura zu stellen, d.h. den umgebenden Äther zu überfliegen, um zu sehen, ob dort etwas lauert, was dort nichts zu suchen hat, dann lassen Sie besser die Finger davon. Da ist es schon besser, die Sache von den Angehörigen des medizinischen Standes behandeln zu lassen, denn die sind manchmal in der Lage, den Leidenden dabei zu helfen, sie selbst zu verstoßen, was auf lange Sicht der beste Weg ist. Gute religiöse Absichten oder das Vertrauen in diesen oder jenen Glauben statten einen nicht unbedingt mit der Macht des Exorzismus aus, wie so mancher ordinierte Pfarrer zu seinem Kummer feststellen mußte. Es gibt wahre Geschichten, die ich erzählen könnte, um das zu illustrieren, aber sie würden ein eigenes Buch füllen!

Wenn Sie jedoch wissen, was Sie tun, dann ist das ‹Rufer-Beschützer› -System das sicherste beim Exorzismus; Sie müssen nur sicher gehen, daß, was immer auch entfernt werden soll, sicher und mit Liebe dorthin geschickt wird, wo es hingehört, und daß es nicht umherirrt und nicht der nächsten Person mit offener Aura, die vorüberkommt, zur Last fällt. Möchtegern-Exorzisten sollten sich vergewissern, daß sie wissen, wie es zu vermeiden ist, daß sie selbst das aufnehmen, was sie von der besessenen Person abgezogen haben. In den Jahren, die ich mit dem Okkultismus zu tun habe, bin ich auf zahlreiche Fälle von Pfuschern gestoßen, denen es gelungen war, das Wesen von der besessenen Person zu lösen, nur um es anschließend zu ihrer Enttäuschung an sich selbst wiederzufinden. Ich kann Ihnen versichern, daß das keine angenehme Erfahrung ist.!

Der Student des Okkulten trifft wahrscheinlich eher auf Verbindungen mit oder Anhängsel an einer Aura, besonders, wenn er auf dem Gebiet des okkulten Heilens tätig ist. Das erst kann auf verschiedene Arten zustande kommen: durch eine zu sehr besitzergreifende Beziehung zu einer anderen lebenden Person, durch den Einfluß von jemandem, der einem etwas untergeschoben hat, oder auch einfach durch starke Gedankenmuster von anderen, die versuchen, ihren Willen in irgendeiner Weise durchzusetzen. Diese Gedankenmuster können leicht beseitigt werden, entweder mit Hilfe einer reinigenden Frequenz, wenn man direkt mit dem Verstand arbeitet, oder aber über ritualistische Mittel, wenn man sich mit der zeremoniellen Magie befaßt. Aber darf ich den Heiler noch einmal warnen: Er muß sich vergewissern, daß beide Schnittstellen versiegelt und geheilt sind. Mit anderen Worten, versiegeln Sie die Aura des Patienten an der Stelle, wo die Verbindung zum Gedankenmuster durchschnitten wurde, und dann schicken Sie das Glied zu demjenigen zurück, der es ursprünglich ausgesandt hat, und mauern Sie es in seiner Aura ein; wenn Sie ein ausgebildetes Medium sind, dann wird es Ihnen keine Schwierigkeiten bereiten, den Absender zu sehen und ihn zu schließen. Und wenn Sie nicht in der Lage sind, das zu tun, dann sollten Sie gar nicht erst versuchen, eine solche Arbeit zu verrichten.

Anhängsel an der Aura sind weitverbreitet und stellen den lose umherschwebenden Staub und Abfall des niedrigen Astrals dar. Häufig klagen Menschen über Unwohlsein, aber eine körperliche Ursache läßt sich nicht finden. Ein Teil astralen ‹Korns› hat sich wahrscheinlich an ihnen festgesetzt; vielleicht in einem übervollen Raum oder an einem öffentlichen Ort, oder als sie mit einer skrupellosen Person in Kontakt gekommen sind, die psychisch ‹unrein› war. Oft sagen Leute zu mir: «Ich habe mich nie so richtig wohl gefühlt, seit ich mit dem und dem Tee getrunken habe.» Für gewöhnlich ist das ein Zeichen dafür, daß unerfreuliche oder nicht vereinbare Energien zwischen den betreffenden Menschen hin und her geströmt sind und eine Reinigung der Aura erforderlich ist. Die besten Farben, um eine Aura zu reinigen, sind Blau und Weiß, und wieder sollte dem Glauben, den der Patient vertritt, gehörige Achtung gezollt werden.

Verbindungen, Anhängsel, Energien oder auch Kraftfelder jeglicher Art, die der Umgebung, in der sie sich befinden, fremd sind, sollten ZU IHRER RECHTMÄSSIGEN AKTIVITÄTSSPHÄRE ZURÜCKGESANDT werden oder, wie ich es lieber ausdrücke, in ihre ZEITDIMENSION. Sehr oft trifft man auf Geister oder Intelligenzen, die zufällig herumgestreunt sind und sich ‹verlaufen› haben. Sie sind nicht absichtlich angriffslustig, aber häufig befinden sie sich in der Defensive, wie Sie wohl auch, wenn Sie sich plötzlich an einem Ort wiederfinden, an dem Sie keine Menschenseele kennen und auch die Sprache nicht verstehen! Die Sprache des okkulten Vorgehens ist universal, denn sie kann durch Gedanken übertragen werden. Senden Sie also Ihre Gedanken aus zu dem Verirrten und führen Sie ihn auf seinen eigenen Weg zurück. Und wenn Sie jetzt nicht wissen, wovon ich spreche, dann schlage ich vor, daß Sie entweder die Finger davon lassen oder noch einmal ganz von vorne anfangen, wenn Sie ein ernsthaft Suchender sind, und Ihre Kunst auf stabile und disziplinierte Art erlernen.

Amulette und Talismane

Man wird häufig gefragt, wie wirksam Amulette und Talismane sind, besonders für die geistige Selbstverteidigung. Es tut mir leid, wenn ich hier wieder auf dasselbe alte Thema zurückkommen muß, aber es hängt wirklich davon ab, was Sie glauben, daß diese für Sie tun können. Ein korrekt geformter Talisman trägt in sich den Einfluß des Strahlens oder der Strahlen, die von dem Magier, der ihn geformt hat, in ihn eingesetzt wurden.

Eine liebe Freundin schickte mir einmal einen korrekt zusammengesetzten Talisman der Venus als Geschenk. Die beiliegende Anweisung lautete, daß der Besitzer sich mindestens einmal am Tag darauf konzentrieren und FEST DARAN GLAUBEN sollte, daß es funktionieren würde. Hier haben wir es also gleich mit mehreren Faktoren zu tun. Zuerst einmal der Glaube des Besitzers oder Trägers; zweitens die Macht des Magiers, der den Guß vorgenommen hat; und drittens die kollektive Macht des Systems oder der Tradition, in der er gegossen worden ist.

Manchmal billigt man den Glauben an solche Glücksbringer nicht bewußt, aber das Unterbewußtsein akzeptiert sie. In solchen Fällen neigen die Besitzer dazu, sie als amüsante Geschenke abzutun und scheinen doch nicht überrascht, wenn sie tatsächlich wirken. Auch das Gegenteil ist möglich. Ich habe Menschen kennengelernt, die ernsthaft daran geglaubt haben, so sagten sie wenigstens, und die keinen Nutzen davon hatten. Wiegen Sie nun die beiden Aspekte gegeneinander ab, und dann entscheiden Sie selbst, lieber Leser.

KAPITEL
13

Diät und psychische Entwicklung

Viele Menschen vertreten die Ansicht, daß eine vegetarische Diät oder auch eine andere, speziell entwickelte Diät, eine Hilfe bei der psychischen oder geistigen Entwicklung darstellt und darüber hinaus dazu beiträgt, die ‹bösen Geister› fernzuhalten. Ist das wahr?

Eine sehr leichte Diät, wie zum Beispiel der Veganismus, läutert den Körper in gewissem Maße und kann helfen, den Verstand anderen Dimensionen des Bewußtseins zu öffnen. Aber, so hörte ich einmal einen bedeutenden Vegetarier bei einem Vortrag in London sagen, übergroße Sensitivität kann manchmal Probleme im alltäglichen Leben schaffen. Wenn es also auch vielen gelegen kommen mag, eine läuternde Diät zu erwählen, so ist dies doch nicht unbedingt eine Schutzmaßnahme, da eine übersensitive Aura sich ebensosehr als ein okkultes Problem erweisen kann wie eine vollkommen unempfindsame.

Außerdem ist es ein Fehler, zu glauben, daß ein Mensch, nur weil er gewisse Nahrungsmittel meidet, psychisch begabter oder geistig fortgeschrittener ist als ein anderer. Eines der besten Medien, die ich kenne, ißt Fleisch, aber ich habe auch vegetarische Freunde, die ausgezeichnete Medien sind, sehr sensitiv, so daß man niemals allein aufgrund dieser Tatsache ein Urteil fällen sollte.

Geschmäcker werden oft durch die Umgebung beeinflußt, und Menschen, die mit einer bestimmten Art von Diät aufgewachsen sind, finden es später im Leben oft physisch schwierig, daran etwas zu ändern, ganz gleich, wie erhaben ihre Ideale und ihre Moral auch sein mögen.

Es wäre auch gut, sich zu erinnern, daß alle Lebewesen einen Geist oder Lebenskraft beinhalten, und manchmal einen höheren Grad an Bewußtsein, als wir ihnen zugestehen wollen. Ein Salatkopf ist ebensosehr ein Teil der Schöpfung wie eine Henne oder eine Kuh. Geistige Blasiertheit sollte also nicht gefördert werden, aber man sollte sich doch darüber klar sein, daß der menschliche Körper (und damit der Verstand) besser arbeitet, wenn er auf ausgeglichene Weise ernährt wird, in Übereinstimmung mit dem Sinn und Zweck der inneren Organe. Außerdem sind alle menschlichen Wesen einzigartig in sich selbst, und Speisen, die dem einen bekommen, können bei anderen Krankheiten erzeugen.

Der Meister, bei dem ich lernte, rief uns zur Vorsicht auf. «Kein rotes Fleisch, keinen Alkohol und keine sexuelle Aktivität mindestens drei Stunden lang vor einer Tätigkeit.» Das ist ein rein praktischer Rat, wenn Sie sich die Mühe machen, ihn genau zu betrachten. Es geht in erster Linie darum, vitale Energien zu konservieren und geistige Anlagen zu mobilisieren, die für die Wirksamkeit der Tätigkeit notwendig sind. Ich habe diesen Rat immer für weise gehalten, aber letztendlich ist es eine Frage des Kennens der chemischen Ausgewogenheit und der Anforderungen Ihres eigenen Körpers einerseits und dessen, was Ihr Gewissen Ihnen vorschreibt.

KAPITEL
14

Tiere und geistige Selbstverteidigung

Wir kommen jetzt zur Rolle der Tiere bei geistiger Selbstverteidigung, denn sie spielen eine. Manche Tiere sind geschickter darin, das Böse abzuweisen, als manche Menschen, die sich für größer, klüger und weiter entwickelt halten, als sie es tatsächlich sind. Ich hatte einmal eine ganz gewöhnliche schwarz-weiße Katze, die in der Lage war, ein Medium in Trance zu bewachen, und nur ein Eingeweihter einer hohen Stufe hätte ihre Verteidigung durchbrechen können. Über den Platz des Tierreiches im evolutionären Plan der Dinge ist schon zuviel Unsinn geredet worden; zum Glück klärte mich der Meister, bei dem ich gelernt habe, gleich zu Beginn meiner Studien in einigen Punkten auf. Was mich auf eine wahre Geschichte bringt.

Vor ungefähr fünfundzwanzig Jahren saßen ich und vier andere mit einem Trancemedium zusammen, als wir aufgefordert wurden, Fragen zu stellen. Eine der Anwesenden, eine sehr junge Dame mit übertrieben hoher Meinung von ihrem spirituellen Potential, begann sofort. «Ja, Sir, ich habe eine Frage», zirpte sie. «Würden Sie uns bitte sagen, wer von uns hier im Raum die fortgeschrittenste Seele ist?» Ich kann mich noch erinnern, daß ich schrecklich verlegen war und wünschte, der Boden unter meinen Füßen würde sich öffnen und mich verschlingen, als das Medium antwortete: «Ja, das mache ich gern.» Es entstand eine peinliche Pause, ehe es fortfuhr: «Auf dem Stuhl in der Ecke des Zimmers schläft eine kleine schwarz-weiße Katze; ihr Geist hat ihren Körper verlassen und ist bei mir. Das ist die fortgeschrittenste Seele in diesem Raum...» Ich habe oft an diese Bemerkung denken müssen, und nicht ohne Tränen, vielleicht der Verlegenheit, vielleicht der Dankbarkeit, daß ich mit einem so weisen Leiter arbeiten durfte.

Aus dem, was ich bisher geschrieben habe, werden Sie erkannt haben, daß ich jene Denkschulen, nach denen sich unsere Seelen früher in Tierkörpern befanden, nicht unterschreibe, sondern zu dem Glauben neige, daß jeder evolutionäre Impuls, jede Strömung für sich steht; und daß es Planeten gibt, vielleicht in fernen Galaxien, in denen die Menschen die Schoßhündchen sind und die Tiere sich geistig weiter entwickelt haben und zu der vernünftigen, beherrschenden Spezies geworden sind.

Ja, es gibt Tiere, die zu ernsthafter und verläßlicher geistiger Verteidigung fähig sind, aber auch da wieder sind sie den Menschen sehr ähnlich, denn manche sind darin besser als andere. Wie auch bei uns selbst hängt es alles davon ab, wo sie ihre Kunst erlernt haben: in den Tempeln Ägyptens oder Tibets, oder in den Richterhallen von Atlantis, oder sogar in einem Stamm fortgeschrittener Tiermenschen in einem anderen Winkel unseres Universums...

KAPITEL
15

Ge- und Verbote

Viele ernsthaft eingestellte Menschen glauben, daß das Zeitalter des Wassermanns eines ist, in dem jedermann sein eigener Okkultist ist, aber angesichts dessen, was ich geschrieben habe, wird es auch Menschen geben, die ihre Zweifel hegen. So gern ich sagen würde, daß dies ein Gebiet ist, auf dem jeder, der interessiert ist, ‹einen Versuch machen› sollte, so kann ich es doch nicht mit meinem Gewissen vereinbaren. Wahrscheinlich, weil ich in meinen Jahren als Heilerin auf zu viele Personen getroffen bin, die psychisch-geistige Opfer waren. Aber ich habe Vertrauen in die Zukunft, und dieses Vertrauen erstreckt sich auf die Hoffnung, daß die Bürger dieses Planeten, wenn er erst einmal von seinen negativen Austrahlungen gereinigt worden ist, eine reinere Verbindung mit dem Kosmos außerhalb seiner direkten Umgebung herstellen werden. Natürlich entsteht dadurch eine andere, vollkommen verschiedene Reihe von Problemen, aber so wie ich es sehe, wird die Menschheit eine klarere Sicht von anderen Dimensionen haben und deshalb besser wissen, wer oder was es ist, das ihm entgegensteht.

Eine gewisse Kraft des Geistes, der Stabilität oder Ausgewogenheit der Persönlichkeit sind nötig, um anständige okkulte Arbeit zu leisten, aber es gibt viele Medien, die nicht zu tief in verborgene Angelegenheiten eindringen und deshalb wahrscheinlich auch nicht auf die Gefahren stoßen, die die schnelleren Wege der metaphysischen Erfahrung mit sich bringen. Für sie sind die Anforderungen also nicht so streng. Ich werde einige Ge- und Verbote anführen, von denen ich glaube, daß sie jenen helfen können, die sich wirklich zum Psychismus, Okkultismus oder Mystizismus hingezogen fühlen.

Hüten Sie sich vor den sogenannten ‹freundlichen› Wesen, die Sie um 3 Uhr früh wecken, um Ihnen die Geheimnisse des Universums anzuvertrauen! Ich kannte einmal eine Frau, die ein körperliches Wrack war, nur aufgrund schlafloser Nächte, die, so informierte sie mich, ein ‹großer und weiser Führer› verursachte, der darauf bestand, daß sie seine Wünsche zu unchristlichen Zeiten erfüllte. Das war bestimmt kein großes, weises Wesen! Ganz im Gegenteil. Kein Wesen, das so unsensibel ist, daß es nicht einmal die normalen Bedürfnisse des menschlichen Körpers bemerkt, kann aus erhabenen Bereichen kommen. Ich weiß, wenn ein solches Wesen meinen Schlaf stören würde, dann würde ich es auf schnellstem Wege fortschicken, nachdem ich es gründlich zusammengestaucht habe!

Ich bin mir vollkommen im klaren darüber, daß es geistige Helfer gibt, die taktvoll diejenigen, denen es bestimmt ist, mit ihnen zu arbeiten, lenken — in diese Stadt, zu jenem Partner oder jener Quelle der Kraft. Aber wenn aus einer sanft helfenden Hand eine fordernde wird, dann ist etwas SEHR falsch.

In diese Kategorie reihe ich auch jene medial veranlagten Angeber ein, die bei öffentlichen Zusammenkünften (oder auch in privaten Zirkeln) aufspringen und die Macht übernehmen. Leute, wenn ihr eine Bühne braucht, dann fahrt Autorennen, springt auf eine Seifenkiste im Hyde Park oder tretet der örtlichen Amateurtheatergruppe bei, aber, aber BITTE, bürdet Euren Egotrip NICHT der armen, lange leidenden Öffentlichkeit auf, indem Ihr Euch das Deckmäntelchen der öffentlichen Zauberei umhängt! Oder vielleicht ist es auch der Zauber selbst, der sich auf dem Egotrip befindet! Ich habe schon alles gesehen.

Nächster Punkt: Niemand besitzt irgend jemanden oder irgend etwas anderes im Universum. Verbindungen oder Partnerschaften können willentlich eingegangen werden, aber ich erinnere mich an einen Vorfall in Südengland, als ein bekanntes Medium in Trance fiel: Der Führer meldete sich und wurde mit einem wütenden Schrei aus dem Publikum begrüßt, sinngemäß etwa ‹Was machst du bei ihr? Du solltest mit meiner Gruppe arbeiten...›

Verdammen Sie das einfache okkulte Volk nicht, nur weil diese Leute nicht genau das befolgen, was Sie für die Wahrheit halten. Ja, verurteilen oder verdammen Sie überhaupt NIEMANDEN. Es ist vollkommen unmoralisch, so etwas zu tun. Wenn Sie die Art, wie andere ihr Leben leben, wirklich mißbilligen, dann versuchen Sie, ihnen freundliche Gedanken zu senden; schließlich könnten Sie aus dem geistigen Austausch auch noch lernen. Andererseits folgen Sie bitte auch nicht jeder psychisch-geistigen Marotte in dem Bemühen, ach so liberal zu sein. Das ist gleich gefährlich. Suchen Sie sich aus, was Ihrem Gefühl nach der richtige Weg für Sie ist, überprüfen Sie seine Ethik und leben Sie danach, so gut es Ihr Gewissen gestattet. Aber achten Sie darauf, daß Ihr Verstand immer offen genug ist, um Ihre Ansichten zu ändern, wenn der Augenschein beweist, daß Sie einen Fehler gemacht haben. Die Wissenschaft ist nicht immer der Buhmann, vor dem man fortlaufen muß, wenn sie mit ein paar ‹Tatsachen› kommt, aber die Wissenschaft selbst verändert sich auch so schnell, daß man erst kürzlich einen angesehenen Mitbürger im Fernsehen die Bemerkung hat machen hören, daß die höhere Mathematik jetzt ‹esoterischer als ein Guru› sei! Das Medium oder der Okkultist ist also manchmal nur einen Sprung voraus.

Wenn Sie von starrem, religiösen Glauben sind, dann widerstehen Sie der Versuchung, alle anderen Systeme und Traditionen als ‹schwarz› zu verdammen. Es ist interessant, zu bemerken, daß bei Experimenten mit Massenhypnose die betroffenen Studenten aus vielen Ländern und unterschiedlichen Glaubensrichtungen alle darin übereinstimmten — nachdem sie in einen vorgeburtlichen Zustand zurückversetzt worden waren —, daß sie an keine bestimmte irdische Religion gebunden waren. Nur die Umgebung scheint auf den späteren moralischen Beurteilungen der Psyche ihre Spuren zu hinterlassen. Sobald er vom Körper befreit ist, kehrt der Geist zu einem Zustand kosmischen

Bewußtseins zurück, der nicht *unbedingt* von irdischen Interpretationen der universalen Prinzipien verdorben ist.

Ich hörte einmal einen bekannten Führer, der behauptete, indianische Verbindungen zu haben, auf eine Frage aus der Zuhörerschaft hin rufen: «Ich bin eine Rothaut, weil Sie gern eine Rothaut hören wollen, aber ich könnte alles sein, was Sie wollen, aus irgendeiner Periode der Geschichte. Es ist nicht wichtig, solange ich Ihnen nur meine Botschaft überbringe.» Ein älteres Medium, das ich einst kannte, ließ immer wieder den Geist eines fundamentalistischen Priesters durchdringen, der offensichtlich *seine* Hölle, sein Feuer und seine mürrische Philosophie mitbrachte. Ich erinnere mich, ihn gefragt zu haben, warum er immer noch dieser Denkweise anhaftete, nachdem er in einer anderen Zeitdimension doch andere Ansichten gesehen hatte. Er antwortete: «*Sie* preßt mich in diese Form; wenn ich ihr sagen würde, was ich *wirklich* weiß, dann könnte ihr Verstand das nicht verkraften, und ich würde einen meiner vielen Kanäle verlieren. Außerdem hilft es ihr, der armen Seele!» Ich hoffe, dies dient dazu, meinen Standpunkt zu erläutern.

Jenen, die sich auf zeremonielle Magie einlassen, möchte ich zusätzlich zu meinem früheren Rat, keine Systeme zu vermischen, noch raten, sich an die korrekten Farben, Anrufungen, Gewänder, Planetenstunden undsoweiter zu halten. Beachten Sie die Tradition, für die Sie sich entschieden haben, und fügen Sie nicht einfach etwas Fremdes hinzu, nur weil Ihnen das Gefühl gefällt. Klügere Leute als Sie, die den Weg schon vor Ihnen gegangen sind, haben diese Details gewöhnlich ausprobiert.

Es kann gefährlich sein, Personen außerhalb der Gruppe oder Loge zu gestatten, mit magischen Instumenten zu hantieren; diese sollten immer an einem reinen und sicheren Ort aufbewahrt und regelmäßig überprüft werden. Manche Magier weihen ihre Gerätschaften vor jeder Tätigkeit neu, was eigentlich nicht notwendig wäre. Aber wenn es ihre Gemüter beruhigt, um so besser, vor allem, wenn ein Stück einige Zeit nicht gebraucht worden ist.

Magische Instrumente sollten nur mit der Person oder den

Personen zusammengebracht werden, die sie in ihrer okkulten Eigenschaft handhaben; kreuzende Ausstrahlungen an nur einem Teil können zu einer Quelle des Ärgers werden, vor allem, wenn es um die Anrufung der Elemente geht. Ich kannte einen Herrn, der ein Schwert erwarb, das der zeremoniellen Magie geweiht war. Es war nie gereinigt worden, seit der frühere Benutzer ganz plötzlich gestorben war. Der Mann hängte es zur Zierde an die Wand; und dann geschahen plötzlich merkwürdige Dinge. Wie viele Okkultisten wissen werden, beherrscht das Schwert die Sylphen des Ostens, so daß die Erscheinungen, die die Familie dieses Herrn nun erlebte, mit unerklärlichen Zügen zusammenhing: Gegenstände zeigten plötzlich nach Osten, Fensterriegel fielen aus unlogischen Gründen ab, undsoweiter. Zum Glück brachte ihn jemand mit mir in Kontakt und ich war in der Lage, das Stück zu säubern und es den Sylphen zu ermöglichen, in ihre eigenen Reiche zurückzukehren. Wenn Sie ein Sammler sind, geht es NICHT an, daß Sie Gegenstände aus der Ausrüstung oder überhaupt dem Besitz eines Magiers Ihrer Sammlung einverleiben. ALLES könnte geschehen.

Wenn Sie mit einer Loge gearbeitet haben und wollen sie verlassen, dann nehmen Sie Ihre persönlichen Gegenstände mit und verbrennen sie oder reinigen sie. Verwenden Sie die Farben und Hilfsmittel, die für die Tradition oder das System, in welchem Sie zu arbeiten beschlossen haben, richtig sind, und wenn Sie nicht sicher sind, warum entwerfen Sie dann nicht einfach Ihre eigenen Rituale, wie es von William Gray in dem ausgezeichneten Buch *Magical Ritual Methods* vorgeschlagen wird? So lange Sie sich daran halten, nur immer eine Methode auf einmal zu benutzen, werden Sie sicher sein. Aber bis Sie ganz sicher sind, was sich vermischen läßt und was nicht, halten Sie sich ganz fest an das, was erprobt worden ist.

Es gibt gewisse kleine okkulte Praktiken, die in diesem oder jenem System auftauchen und häufig in Artikeln und Zeitschriften diskutiert werden. Dazu gehören Dinge wie die Waage der ‹Maat› im ägyptischen System, die in Fällen eingesetzt wird, wo man sich über jemandes Absichten im unklaren ist;

und das Netz des Hephästus, ein ‹Haltestrahl› im griechischen System. Das mag ja alles ganz klug klingen, wenn es von ‹alten Händen› erklärt oder von Okkultisten mit einem guten Gefühl für Journalismus intellektualisiert wird, aber es ist nicht klug, außerhalb des Zusammenhanges mit dem System, aus dem sie ihre Macht beziehen, mit ihnen zu experimentieren.

Da sich die ritualisierten Praktiken in jeder Tradition unterscheiden, ist es für mich hier unmöglich, einen Satz von Handlungsanweisungen zu spezifizieren. Aber der ernsthafte Schüler, dem vom Schicksal Erfolg vorherbestimmt worden ist, wird zu den korrekten Lehrbüchern und Lehrern geführt werden. Und wenn Sie glauben, nicht weitergekommen zu sein, dann denken Sie daran, daß sich Gleiches und Gleiches anzieht, Sie also vielleicht am falschen Weg suchen.

Ethik

Es gibt keine absolute Wahrheit, außer im Mittelpunkt; in unserer gegenwärtigen Entwicklungsphase bedeutet die Wahrheit für jeden Menschen also das, was ihn dazu bringt, sich mit der Ethik des kosmischen Gesetzes zu einer bestimmten Periode im evolutionären Kreislauf zu verbinden. Was einer jungen Seele ethisch erscheinen mag, sieht für einen älteren oder durch mehrere Zeitdimensionen gereisten Geist vielleicht ganz anders aus. Zu Recht können Sie jetzt fragen, welche Richtlinien es für jene gibt, die den Pfad einschlagen wollen, sei es über Mystizismus, Psychismus oder Okkultismus?

Liebe, Aufrichtigkeit vor sich selbst, Selbstlosigkeit, Verständnis, all dies sind Tugenden, die es sich anzustreben lohnt, soweit jedes Individuum fähig ist, sie zu verwirklichen. Ebenso auch Entschlußkraft, Loyalität und Beständigkeit. Erkennen Sie die Feinde des Lichts an ihrem Haß, ihrem Eigendünkel, ihrer Egozentrik, dem Mangel an Verständnis und Liebe oder aber dem Mangel an Zielen, der Treulosigkeit und Wankelmütigkeit. Die alte Seele ist sensitiv, erkennt alle anderen Lebensformen an und ist in der Lage, ins Universum hinauszuschauen. Tut mir leid, ich stimme nicht mit all dem Zeug über die ‹Suche-in-sich› überein; man findet sich selbst und überwindet seine eigenen Probleme, indem man Beziehungen zu den Problemen anderer herstellt, so, wie der Lehrer mehr von seinen Schülern als aus den Lehrbüchern lernt.

Die alte Seele wird Lebenskraft in einer Pflanze, einem Tier oder einer Brise entdecken. Die junge Seele ist zu sehr mit sich selbst beschäftigt, um solche Feinheiten zu bemerken. Die alte Seele kann in Schweigen verharren, und Harmonie ist ihr Nektar. Die junge Seele gedeiht in Lärm und Mißklang und hat für gewöhnlich Angst vor der Stille, weil sie sie auf sich selbst zurückwirft. All dies sind Hinweise für den Suchenden des Pfades.

Obwohl ich in diesem Buch auf verschiedene Methoden der Heilung eingegangen bin, die von ausgebildeten Personen durchgeführt werden können, bin ich persönlich der Meinung, daß jedermann sein eigener Heiler sein wird, je weiter wir ins Wassermann-Zeitalter vordringen, denn in der Selbstheilung liegt die Zukunft. Aber selbst die Prinzipien der Selbstheilung müssen erlernt und verstanden werden, ehe sie wirkungsvoll angewendet werden können. Nirgendwo ist Disziplin und Aufrichtigkeit wesentlicher, als dann, wenn man mit seinem ‹Selbst› ins Reine kommen will. Eine gute Verankerung im kosmischen Gesetz und seinen allgemeinen Funktionen bildet also einen sicheren Rahmen, von dem aus man sich in die Individualisierung des ‹New Age› hinauswagen kann. Wenn der Mensch erst einmal die Kunst der Selbstheilung beherrscht, dann wird er zuversichtlich in das metaphysische Universum hinaustreten können, ohne das Bedürfnis nach Priestern, Okkultisten, Medien oder sonstigen Vermittlern. Denn er wird Zugang zur direkten, persönlichen Kommunikation mit seiner wahren kosmischen Familie haben.

Wir Menschen tänzeln über das Seil der Vernunft, das über den Abgrund der Unwissenheit gespannt ist, auf der niemals endenden Suche nach Wissen und aus unserem drängenden

Wunsch heraus, in noch größere Tiefen in den unerforschten Gebieten des menschlichen Bewußtseins vorzudringen. Der einzig zuverlässige Führer, den wir haben, ist das Licht der wahren Liebe; ich meine nicht das, was für gewöhnlich unter diesem Gefühl verstanden wird, sondern die tiefe, selbstlose, universelle Liebe, die ein beständiges Leuchtfeuer und unser Führer durch ALLE EBENEN DER UNENDLICHKEIT ist. Da sich Gleich und Gleich gern gesellt, können Sie nicht sehr viel falsch machen, wenn Sie dies Prinzip befolgen.

Murry Hope wurde 1929 in England geboren. Sie entstammt alten keltischen Familien aus Irland und Wales. 1955 begann sie ihre Karriere als Opernsängerin in Paris und am Royal College of Music in London. Sie trat im Theater, in Film und Fernsehen auf. Noch heute gibt sie mit ihrem Mann, dem Bariton Jared Collard, Benefizkonzerte.

Seit 36 Jahren arbeitet sie auf dem Gebiet des praktischen Okkultismus. Sie war 1957 Mitbegründerin der *Atlanteer* und 20 Jahre lang deren Präsidentin, Lehrerin und herausragende Heilerin. Ihre psychischen Kräfte wurden von der Universität Cambridge wissenschaftlich getestet, und dieser Test wurde vom englischen Fernsehen BBC mitgefilmt und 1977 gesendet.

Murry Hope hat 1983 das Wahrsagespiel *Cartouche* erfunden und fünf Bücher über praktische Magie verfaßt. Sie lebt auf dem Land im englischen Devon.

Sondra Ray
KRAFT DER LIEBE
Eine praktische Anleitung zur Erfüllung in Sexualität und Partnerschaft

160 Seiten, gebunden, 28,—

ISBN 3-85914-222-4

Sondra Ray beschreibt einfach und klar, wie jeder mit Affirmationen arbeiten und sie für seine ganz persönlichen Probleme einsetzen kann.

Affirmationen sind positive Gedanken, die durch Wiederholung das Bewußtsein verändern und damit das Leben grundlegend wandeln. So verschwindet negatives Denken, das persönliche und sexuelle Probleme auslöst.

Fallbeispiele und Arbeitsunterlagen im Buch machen die Anwendung der Affirmationen durch den Leser einfach und wirksam:

Wie du deinen idealen Partner findest — Wie du dir deine Beziehung aufbaust — Wie du Gefühle der Einsamkeit und Depression überwinden kannst — Wie du Vertrauen gewinnst — Wie du ohne Eifersucht leben kannst — Wie du eine liebevolle, harmonische und dauerhafte Beziehung erlangst.

Douglas Harding

ZEN UND DIE WIEDERENTDECKUNG DES OFFENSICHTLICHEN

Einführung von Houston Smith

Sphinx Pocket 47, 96 Seiten, broschiert, 9.80

ISBN 3-85914-347-6

Einsicht leitet sich mehr von Bildern als vom logischen Denken ab, und das Bild, auf das Harding gestoßen ist, ist mächtig. «Ich habe keinen Kopf.» Haarsträubend beim ersten Hören, bleibt der Autor bei seiner Be-Hauptung — umkreist sie, kehrt zurück, bis (wie bei Zen-Koans, die beim ersten Anhören absurd klingen) eine Barriere bricht und wir nicht etwas anderes, sondern auf andere Weise sehen. Castanedas Yaqui-Schamane Don Juan lehrt, daß wir «die Welt anhalten» müssen, in ihrem Routinegang, um wirklich sehen zu können. Anatta, Nicht-Selbst (kein dauerhaftes, individuelles Selbst) ist nicht nur der Schlüssel zum Buddhismus, sondern auch der Schlüssel zum Leben. «Je weniger einer selbst da ist», schrieb Eckhart, «desto mehr Selbst ist da.» Intuitiv sehen wir das; wir wissen, daß wir besser sehen, wenn wir aufhören, in unserem eigenen Licht zu stehen. Aber das ist eines von den Dingen, die wir zwar wissen, aber nie lernen, weshalb wir immer wieder daran erinnert werden müssen. Oder, noch besser, wir müssen es nur auf neue Weise hereinbrechen lassen. Genau das stellt dieses Buch in Aussicht.

Sam Keen

KÖNIGREICHE DER LIEBE

Die sieben Stufen der Ekstase

160 Seiten, gebunden, 34,—

ISBN 3-85914-178-3

Man stelle sich seinen Lebensweg als Besteigung eines siebenstufigen Berges vor. Wenn wir zuunterst am Fuße des Gebirges beginnen, müssen wir sechs Königreiche durchwandern — und bewohnen —, ehe wir den Gipfel erreichen. Auf jeder Stufe unserer Reise nehmen wir umfassendere Perspektiven wahr und begreifen immer mehr von der Welt, die sich zu unseren Füßen ausbreitet.

Jedes Königreich, in dem wir uns während der Reise aufhalten, hat seine eigenen Gesetze, Weltanschauungen, politischen und wirtschaftlichen Dogmen sowie Lebensformen hinsichtlich Sexualität und Liebe.

Eine gewisse Unruhe läßt uns weiterziehen — das Höchste erstrebend. Intuitiv vertrauen wir den Berichten jener Abenteurer, die bereits vom Gipfel zurückgekehrt sind.

Die Hoffnung auf ein erleuchtetes, leidenschaftliches und erfülltes Leben, wie es offenbar jene erlangen, die sich bis zum Höchsten durchgekämpft haben, spornt uns an.

Und so klettern wir einem Ziel entgegen, das von unten gesehen stets von Wolken umhüllt ist. *Aus dem Vorwort.*

SPHINX